Für Giovanni, den wachsamen
und geliebten Wahrer meiner Schriften

»Wir wissen alle, daß Kunst nicht Wahrheit ist.
Kunst ist eine Lüge, die uns die Wahrheit begreifen
lehrt, wenigstens die Wahrheit, die wir als Menschen
begreifen können. Der Künstler muss wissen,
auf welche Art er die anderen von der Wahrhaftigkeit
seiner Lügen überzeugen kann.«

Picasso, 1923

WIE ALLES KAM
oder vom traurigen Ende der Lira

Im Jahr 2003 baten mich zwei Schriftstellerfreundinnen aus Kampanien, Antonella Cilento und Emilia Cirillo Bernabei, um einen kleinen Beitrag für eine Art literarisches Requiem auf das Ende der Lira, das als Sammelband mit dem Titel *In fin di lira*[1] veröffentlicht werden sollte.

Da ich nicht wusste, was schreiben, sinnierte ich eine ganze Weile über eine passende Absage, als mit einem Mal Erinnerungen an allerlei aufgeschnappte Sätze aus meinen Kindertagen in mir zu rumoren begannen, darunter auch die vertraute Beschwörung des legendären Paolo Ciulla, *Chiddu ri sordi farsi*, »der mit dem Falschgeld«: zum einen Metapher für die wundersame Erlösung aus wirtschaftlichen Notlagen — und derer gab es in den Jahren des Wiederaufbaus nach dem Krieg zahlreiche und schwerwiegende —, zuweilen aber auch der Maßstab für einen rundum perfekten Betrug, eine makellose Täuschung.

Ich sagte meinen Freundinnen zu und machte mich auf die Suche nach Informationen über das private und öffentliche Leben des Fälschers Paolo Ciulla, im Archiv und in der Stadtbibliothek »Emanuele Taranto Rosso« in Caltagirone, seinem Geburtsort, sowie in der Bibliothek »Ursino Recupero« in

Catania, wo er viele Jahre gelebt hat und 1931 im Armenhaus, dem »Albergo dei Poveri Invalidi« gestorben ist.

Ich verfasste einen Prosatext mit dem Titel *Il curioso caso di Paolo Ciulla* (Der kuriose Fall des Paolo Ciulla), der sich einige Monate später — infolge meiner Teilnahme an der Tagung zum Thema »Berühmte Strafverfahren«, zu der Professor Pasquale Beneluce an die Universität Messina geladen hatte — zu einem ausführlichen journalistischen Bericht über den spektakulären Prozess aus dem Jahr 1923 auswuchs, der den Fälscher auf der Anklagebank gesehen hatte.

Doch Paolo Ciulla trieb mich weiter um: Was ich über ihn geschrieben hatte, wurde weder seinem Leben noch meiner Einbildungskraft gerecht.

Ich setzte meine Recherchen im Staatsarchiv in Catania fort. Ein wahrer Glückstreffer war die Hilfsbereitschaft des Personals, dank dessen es mir gelang, die noch nicht systematisch archivierte fünfundachtzigseitige Begründung des Urteils, das die fünfte Strafkammer des Gerichts von Catania am 12. November 1923 verkündet hatte, ausfindig zu machen und zu fotokopieren.

Von diesen Dokumenten ausgehend, habe ich nach Belegen gesucht und Paolo Ciullas Lebensphasen rekonstruiert, obgleich sich die Überprüfung manches Mal als unmöglich erwies; auch den Inhalt der biografischen Rekonstruktion *Paolo Ciulla, il falsario* (Tringale, 1984) des Journalisten Pietro Nicolosi aus Catania, die mir zum Vergleich und zuweilen als Quelle diente, konnte ich nicht in allen Fällen verifizieren. Nicolosi ist ebenfalls Autor einer umfangreichen *Chronik Siziliens* (1900–1950), die eine Menge kurioser Meldungen aus den Lokalnachrichten, vorwiegend aus Catania, enthält. Eine davon, eine historische Notiz, reizte meine Phantasie besonders: Der »Gefreite Adolf Hitler« war als »Kriegsgefangener« in Sizilien, »interniert in Augusta und für den Bau eines großen Hangars für Luftschiffe eingeteilt«. Eifrig suchte ich in Geschichtsbüchern, in Monographien, im Internet nach Belegen dafür. Nichts. Es fand sich keinerlei Hinweis.

Und ohne objektive historische Belege konnte es weder imaginierte Begegnungen noch Berührungspunkte zwischen dem Ciulla meiner Vorstellungswelt und dem unglücklicherweise sehr realen Hitler geben.

Der Duktus der Erzählung wogt hin und her: von absoluter Faktentreue in der Präambel im ersten Teil (die Figur des Cola ausgenommen) und im dritten Teil, über eine Mischung aus Realität und Phantasie im Epilog, bis hin zur vorwiegend fiktiven Rekonstruktion im zweiten Teil und bei den Figuren Masi und Juan.

Mit Sicherheit steht fest, dass Paolo Ciulla ein Zertifikat der Académie des Beaux Arts in Paris besaß, dass er als Kopist im Louvre arbeitete, dass er sich in Le Havre nach Südamerika einschiffte. Aber über sein Leben zwischen 1907 und 1910 ist weiter nichts Gesichertes bekannt.

Echte Dokumente also, und Berichte, häufig erfundener Art, die aber Ciullas Biographie immer als Möglichkeit einbeschrieben sind und sich auf plausible Weise mit historischen Daten und Fakten überschneiden.

Marguerite Yourcenar schreibt in Bezug auf Zenon, den Protagonisten des im 16. Jahrhundert spielenden *L'Oeuvre au noir* (dt. Die schwarze Flamme): Die Figuren historischer Ro-

mane sollten immer von Zeugnissen und Ereignissen gestützt sein, die den Fakten und Daten der Vergangenheit ent-
stammen, also der kollektiven Geschichte, um der »fiktiven
Figur diese besondere, durch Zeit und Ort bedingte Realität
zu verleihen, ohne die ein ›historischer Roman‹ nur ein ge-
lungener oder misslungener Kostümball ist«[2].

Und nicht nur der fiktiven Figur, sondern bisweilen auch den
schweigenden Leerstellen einer echten Lebensgeschichte, die
durch ihre Verwandlung in Erzählung, wie alle Kunst, un-
weigerlich verfälschend, also ein Truggebilde ist.

Eine Straße
zwischen den Lavafeldern[3]

Eine schwarze Wüste trat an die Stelle der wasserreichen Talsenke am Stadtrand, als am 9. Juni 1669 vor den Toren Catanias ein Vulkankrater ausbrach und sich von der Nesima-Hochebene gigantische Lavaströme hinabwälzten, das Castello Ursino, Trutzburg aus der Zeit Friedrichs II., am Meer umkreisten und ihren Weg fortsetzten. Und so kam es, dass sich das Schloss am Ende zwei Kilometer von der Küste entfernt befand.

Wenige Jahrzehnte später schon war auf jener kahlen An-höhe ein Maultierpfad entstanden, der bald befahrbar wer-den sollte, und 1918 — längst drängte die Stadt über ihre Mauern hinaus — zu einer richtigen Allee geworden war, die der Bürgermeister Giuseppe De Felice Giuffrida dem einige Jahre zuvor verstorbenen Dichter Mario Rapisardi widmete, dessen Schöpferkraft auch in eine flammende Kontroverse mit Giosuè Carducci geflossen war.

An beiden Seiten der Allee standen vereinzelte Häuser, und einige Sträßchen zweigten von ihr ab, die sich schon nach wenigen Metern inmitten der Lavafelder verloren.

In einem dieser Häuser, rosa getüncht und etwas zurückver-setzt, lebte am fast unbewohnten Ende der Straße ein seltsames Individuum: ein Mann mittleren Alters, der sich als pensionierter Lehrer ausgab, und bei allen als der »Mavaro«, der Hexenmeister, bekannt war. Keiner hatte je einen Fuß in sein Haus gesetzt, denn unter wüstem Geschimpfe verjagte er fahrende Händler, Bettler ebenso wie die Nachbarn.

Nicht weit entfernt, in einem Seitensträßchen mit dem phantasievollen Namen *Pietra dell'Oro*, Stein von Gold — verblasste Erinnerung vielleicht an alchemistische Betriebsamkeit und unter Lava begrabene Schätze — wohnte Elia Gervasi, einer aus der *Regia Guardia*, der Königlichen Garde im Dienste der öffentlichen Sicherheit, die dem Innenministerium unterstellt war.

Für einen Ordnungshüter vom Scheitel bis zur Sohle wie ihn war eine nicht zu entschlüsselnde Situation, anders gesagt, die Undurchschaubarkeit einer menschlichen Existenz eine echte Qual. Für ihn galt der kategorische Imperativ: Obskure Ereignisse sind im klaren Licht der Ermittlerräson zu bewerten.

Das unentwegte Gerede seiner Ehefrau über den »Mavaro« hatte ihn von Anfang an in Unruhe versetzt: Ein Meister der schwarzen Künste, der keine Kunden empfing, war nicht glaubhaft. Also begann er, seine ganze freie Zeit opfernd, dessen Tun und Treiben auszukundschaften. Er ermittelte den Besitzer des Hauses, die Höhe der gezahlten Miete, Name und Vorname des Mieters — alles in allem lächerliche Ergebnisse. Das Geheimnis jenes Hauses, aus dessen Rauchfang bisweilen übelriechende Schwaden wie von tierischen Fetten und gekochten Innereien quollen, und des nach außen hin gleichförmig und ereignislos verlaufenden Alltags des besagten Mannes blieb ungelüftet. Jeden Morgen, bei Regen wie bei Sonnenschein, verließ dieser pünktlich um acht Uhr sein Haus, bahnte sich mithilfe eines Stocks seinen Weg zwischen Basaltplatten und Lavaschlacken, und hielt dabei meist ein kleines Bündel in der Hand. Nach ein paar hundert Metern erreichte er die Piazza und verweilte dort einige Stunden am Tischchen einer gutbesuchten Bar, wo das Kommen und Gehen der Gäste eine Überwachung mehr als erschwerte. Bisweilen bestieg er eine Trambahn und entschwand in Richtung Stadtmitte, um dann Punkt halb elf wieder auf der Piazza aufzutauchen — ohne besagtes Bündel in Händen. Bedächtigen Schritts ging er die Allee entlang zurück zu seinem Haus, wo er sich einschloss und keiner mehr etwas von ihm mitbekam.

Dieses Bündel und die Rauchschwaden wurden für den Königlichen Sicherheitsbeamten zur fixen Idee. Ganze Abende verbrachte er zwischen dem Lavageröll, das an den Gemüsegarten hinterm Haus angrenzte, um den Mann auszuspähen. Dank eines unvorhergesehenen Ereignisses gelang es ihm, mehr in Erfahrung zu bringen. Die Nachricht, dass der »Mavaro« einen Schreiner — einen seiner Vertrauten — zu sich gerufen hatte, der die Fenster- und Türrahmen sowie die Schlösser verstärken sollte, verbreitete sich in der ganzen Nachbarschaft. Ein paar Tage danach suchte Gervasi diesen Handwerker auf und zwang ihn, das Haus und alles, was sich darin befand, mehrere Male aufs Genaueste zu beschreiben, vor allem die Gegenstände, angehäuft in dem größeren der beiden Räume, aus denen die Wohnung bestand: ein Durcheinander von Ampullen mit unterschiedlich gefärbten Flüssigkeiten, Papierrollen, Fotoapparaten und unbekannten, mit Tüchern bedeckten Gerätschaften. Besonders beeindruckt war der Schreiner vom Schlafzimmer, das sparsam und altmodisch eingerichtet war — zwei Truhen, ein Nachttisch, zwei Stühle, ein Bett. An den Wänden aber hingen zahlreiche seltsame Bilder. Eines war besonders merkwürdig: Zwei Gesichter, hohl wie Masken, schwammen auf einem tiefschwarzen Hintergrund, und beide trugen die Züge des *professore*, wenn auch jedes mit einem anderen Ausdruck: Das eine in Azurblau zeigte ihn mit spöttischer Miene, das andere bleich und mit unheilvollem Blick. »Er ist wirklich ein Hexenmeister«, schloss der Mann seinen Bericht, machte das Kreuzzeichen und fasste sich flüchtig an die Genitalien, um gegen die bösen Geister gefeit zu sein.

Die von dem Schreiner beschriebenen Dinge verstärkten Elia Gervasis Verdacht, der eines Abends gegen Ende des Sommers zur Gewissheit wurde. Entgegen seiner Gewohnheiten hatte der Mann länger als sonst das Fenster seines Schlafzimmers offengelassen, als er mit der Lampe in das andere Zimmer ging, dessen Fenster Tag und Nacht fest verriegelt blieben. Mit einem Sprung setzte darauf der Königliche Gardist über das Mäuerchen des Gemüsegartens und schlich sich unter besagtes Fenster: In dem abgedunkelten Zimmer waren auf halber Höhe von der einen zur anderen Wand Schnüre gespannt, an denen mit Wäscheklammern befestigte Papiere hingen. Obwohl er die einzelnen Blätter nicht gut erkennen konnte, war er sich doch unmittelbar sicher, dass es sich um Fälschungen handelte: um Coupons oder wieder aufbereitetes Stempelpapier. Oder um Geldscheine.

Gervasi beeilte sich, den Kommissar Taddeo Gulizia über seinen Verdacht in Kenntnis zu setzen. Der konnte es kaum fassen, endlich einen neuen Tatverdächtigen in die Finger zu bekommen. Schließlich wurde er tagtäglich von den Zeitungen wegen angeblicher Untätigkeit angegriffen und musste noch dazu die Schikanen des Polizeipräsidenten und des Präfekten ertragen. Dass in Catania, zwischen Cibali und Ognina, eine Werkstatt zur Herstellung gefälschter Hundert-Lire-Scheine ihren Sitz haben musste, das stand für alle — von Palermo bis New York — außer Frage. Dennoch waren Wochen verbissener Nachforschungen bislang vergeblich gewesen.

Sorgfältig und mit äußerster Diskretion bereitete Gulizia den Zugriff vor. Um die Gewohnheiten des Mannes eingehend zu studieren und den Zeitpunkt des Eindringens festzulegen, schickte er Polizisten in unterschiedlichen Verkleidungen los, damit sie das Haus Tag und Nacht überwachten, und schließlich gab er Petralia — dem besten Ermittler in Sachen gefälschter Papiere — den Auftrag, koste es, was es wolle, dort einzusteigen.

Eine Verkleidung als Frau, so sein Vorschlag, würde dabei sicherlich von Nutzen sein.

〄〄〄

Als die aufwendige Verkleidung dann recht und schlecht saß, bat der Ermittler Petralia einen Kollegen um seine Meinung. »Hässlich und ordinär«, lautete das entmutigende Urteil. Sich im Spiegel betrachtend, wie er sich ein leichtes Wolltuch über die Schultern drapierte, musste er ihm Recht geben. Er hängte sich noch ein Kästchen um, aus dem Bänder, Nadeln, Scheren und Garnröllchen hervorschauten, und verließ, über die Angemessenheit seiner Ausstaffierung unschlüssiger denn je, das örtliche Kommissariat durch einen Nebeneingang.

»Was ich mir alles antun muss, bloß um über die Runden zu kommen«, dachte der Polizist, während er sich langsam zu seinem Einsatzgebiet auf den Weg machte. Das war aber nur sein übliches Gemurre bei der Arbeit; in Wirklichkeit hielt er sich für privilegiert gegenüber seinen Kollegen, die ständig wegen der Angriffe der politischen Schlägertrupps, welche sich in den letzten Monaten immer dreister aufführten, gerufen wurden — und zwar weniger um einzugreifen, als um die Faschisten zu decken, indem sie Arbeiter und Gewerkschafter mit Überfällen in deren Häusern und Schießereien in Schach hielten.

»Befehl ist Befehl, und Brot ist Brot«, sagte sich der Hüter der öffentlichen Sicherheit schließlich resigniert. Aber aus dem hintersten Winkel seines Gedächtnisses, wohin er sie abgedrängt hatte, erschallten ohrenbetäubend die Schreie der Männer und Frauen an den blockierten Türen des Teatro Sangiorgi. Die Pistolenschüsse, die Gewehrsalven auf die im Theater versammelte Menschenmenge, die wegen des Massakers an neun Arbeitern aufbegehrte, das sich zwei Tage zuvor, am 28. Juli 1920 in Randazzo ereignet hatte.

In den Haufen schießen, den Protest unterbinden, so lautete der Befehl.

Und geschossen hatten sie, und ob! Blutspritzer auf dem weißen Stuck, auf den Jugendstilblumen des Eisengitters: Tote und Verletzte überall, und ein Kind mit weit aufgerissenen Augen, sich die Ohren zuhaltend, das sie gewaltsam unter einem Sessel hervorgezerrt hatten.

Einen Monat später war er endgültig in die Fahndungsabteilung gewechselt und hatte fortan — von einer wahren Last befreit — ausschließlich gegen Geldfälscher, Diebe, Betrüger aller Art zu ermitteln; das war nun zwei Jahre her.

Das Leuchten eines Kakibaums, der sich sonnenbeschienen und in vollem Fruchtstand vor der unbeschwerten Klarheit des Oktobermittags abhob, verwischte diese Bilder. Er konnte wieder tief durchatmen, während er das Stimmengewirr der Innenstadt hinter sich ließ, auf dem Weg in den abgelegenen Teil der Allee, dorthin, wo sich die Häuser umringt von der riesigen schwarzen Wüste der Lavaschlacken lichteten.

Um seine Verkleidung zu erproben, blieb er vor jeder Tür stehen, seine Waren im Falsett den Frauen des Hauses feilbietend, von denen ihm gar eine in weiblicher Vertraulichkeit

innerhalb einer Viertelstunde ihr ganzes Leben erzählte —
der schwächliche Ehemann, die prügelnde Schwiegermutter,
der undankbare Sohn — und ihn am Ende um seiner Unver-
sehrtheit willen beschwor, einen großen Bogen um das Haus
des »Mavaro« zu machen.

»Gott steh uns bei«, sagte sie und wies auf das Haus, »er liest
das *Libro del Cinquecento*[4] und nachts ruft er die Geister an.«
Die Verkleidung tat ihren Dienst.

Entschlossen legte er die rund hundert Meter zurück, die ihn
noch von der Hausnummer 431 trennten. Zu dieser Zeit musste der Mann daheim sein, wahrscheinlich im Bett fürs Nach-
mittagsschläfchen. Lange klopfte er an die Tür. Vergebens.
Er klopfte lauter, heftiger. Endlich öffnete sich das Fenster,
ein verschlafener Mann im Unterhemd zeigte sich voller Zorn.
»Was ist das denn für eine Art, mich zu stören! Hau ab, ich
habe geschlafen«, und als er die Silhouette einer Frau erblick-
te, setzte er hinzu, »Weiber gibt es hier im Haus keine!« Und
damit schloss er das Fenster mit solcher Wucht, dass es fast
aus den Angeln fiel.

Alles in allem kaum eine Minute, vielleicht weniger. Dennoch
hatte der Ermittlungsbeamte Petralia sofort die Bügelbrille
und den Spitzbart des mysteriösen Don Paolo wiedererkannt.
Im Oktober vor zwei Jahren hatten er und sein Kollege Al-
parone ihn vom Haus des Falschgeldhändlers Chiarenza bis
zur Hälfte der Via Etnea beschattet, wo der Mann, sich ver-
folgt fühlend, eine Kutsche genommen hatte, mit der er auf
Nimmerwiedersehen inmitten der zweihunderttausend Einwohner der Stadt untergetaucht war.

Don Paolo war Chiarenzas Lieferant, daran gab es für die beiden Polizisten keinen Zweifel. Sie hatten, als Bettler verkleidet, beobachtet, wie er jeden Donnerstagnachmittag immer zur selben Stunde das Haus des Händlers betrat, wo sich bereits ein paar Leute eingefunden hatten. Nach einer Viertelstunde ging er wieder weg, und nach ihm alle anderen, einzeln, so wie sie gekommen waren. Den Namen jenes Mannes hatten sie von einem Vertrauensmann erfahren, der in derselben Straße lebte. Um das Kommen und Gehen der Leute zu rechtfertigen, hatte Chiarenzas Frau gegenüber den Nachbarn behauptet, dass Don Paolo ihnen jede Woche die Zahlen für das Lottospiel überbrachte.

Doch der Zahlenlieferant wurde nicht mehr bei diesem Haus gesehen, und zwei Monate Ermittlungen und Nachstellungen lösten sich in Rauch auf.

Und da, plötzlich hatte er ihn wiedergefunden, diesen Bastard.

Petralia vergaß, seine Gangart der Verkleidung anzupassen, und traf mit Riesenschritten und strahlendem Gesicht im Kommissariat ein.

Schlurfend, doch geschickt Gegenständen und Mobiliar aus-
weichend, bewegte sich der Mann voller Unruhe zwischen
Bett und Fenster hin und her. Er öffnete das Fenster. Die
Nacht tauchte die Lavafelder in ein noch tieferes Schwarz.
Zurück im Bett versuchte er, wieder in den Schlaf zu finden,
aber vergebens. Vielleicht in dunkler Vorahnung dessen, was
ein paar Stunden später mit ihm geschehen und ihn aus der
Anonymität jener ruhigen Stadtrandlage auf die Titelseite
der Zeitungen katapultieren sollte.

Auch die große Geschichte vollzog sich in jener Nacht. In
Mailand arbeitete Mussolini — zusammen mit Balbo, Bianchi, De Bono und De Vecchi — Punkt für Punkt den Marsch
auf Rom aus, infolge dessen wenige Wochen später seine
Regierung gebildet wurde und zwanzig Jahre lang Regime
blieb.

All das war in jenen Stunden vor dem Morgengrauen des 17.
Oktobers 1922 noch bloße Virtualität von Ereignissen, die
auch gar nicht hätten geschehen müssen, beispielsweise wenn
der schlaflose Mann in jenem Haus inmitten der Lavafelder
Papiere und Apparate zerstört hätte und nach Caltanisetta
abgereist wäre, wie es einige Monate zuvor noch seine Absicht war, die er dann plötzlich aufgegeben hatte. Oder wenn

am darauffolgenden 27. Oktober der König die Empfehlung des Ministerpräsidenten Luigi Facta aufgegriffen hätte, nämlich den Belagerungszustand auszurufen und mit militärischen Mitteln auf den Marsch der Faschisten auf Rom zu reagieren.

Auf der Grundlage des *Wenn/Falls* der jeweiligen Wahlmöglichkeiten sind die individuellen wie die kollektiven Ereignisse zu beurteilen: Was geschehen ist, hätte genauso gut auch nicht geschehen können.

Aber der König verwarf Factas Vorschlag. Und der Mann in dem Haus bei den Lavafeldern brach nicht nach Caltanisetta auf, sondern tappte in jener Nacht weiter schlaflos zwischen Bett und Fenster hin und her.

Ein ansehnlicher Trupp Sicherheitsbeamter unter dem Kommando von Kommissar Gulizia bezog Stunden vor Morgengrauen rings um das Haus des »Mavaro« Stellung. Eine im nahegelegenen Zollhaus versteckte Gruppe postierte sich auf der Seite zur Allee hin mit Blick auf die kleine Eingangstür; eine andere verteilte sich zwischen dem Lavageröll hinter dem Haus, um ja keinen Moment die tiefgelegenen Fenster aus den Augen zu verlieren, durch die selbst ein Halbblinder wie der *professore* ganz einfach hätte entwischen können. Schwaches Licht einer Öllampe sickerte durch die Fensterläden, die nicht wie sonst ganz zugezogen waren. Das Haus war also nicht im Tiefschlaf versunken, und der Kommissar befürchtete eine undichte Stelle unter den Kollegen und eine Falle des Mannes, der, um Verwirrung zu stiften, womöglich am Abend zuvor ungestört das Haus verlassen und die Lampe hatte brennen lassen. Doch er beruhigte sich, als er einen Schatten im Zimmer gewahrte und sah, wie dieser stehen blieb und das Fenster öffnete
Der Ermittler Petralia und der Königliche Gardist Gervasi, die an den Seiten des Fensters postiert waren, um im Fall der Fälle rechtzeitig eingreifen zu können, spürten in allernächster Nähe seinen schweren Atem und seine nervös das

Fensterbrett umklammernden Hände. Sie atmeten auf, als der Mann ins andere Zimmer ging, doch sogleich kam er mit einer Mappe voller Zeichnungen zurück. Auf dem Bett sitzend, nahm er sich eine Zeichnung nach der anderen vor, zog dann zwei heraus und befestigte sie mit Reißzwecken an der Wand. Dann setzte er die Brille ab, trat ganz nah an sie heran, wie um sie zu küssen. Stattdessen tat er je drei Mal so, als wollte er sie anspucken — zuerst die eine, dann die andere.

»Wie ein Hexer«, sagte Gervasi verschreckt zu Petralia, der ihn beruhigte. »Das ist ganz bestimmt unser Mann. In ein paar Stunden wirst du schon sehen.« Der Mann verschloss das Fenster ganz fest. »Endlich geht er schlafen«, sagte der Kommissar erleichtert und begab sich zu dem an der Allee postierten Trupp. Sie warteten, dass der Mann wie immer pünktlich um acht Uhr das Haus verließ; doch als die Kirchturmuhr von Sant'Agostino sechs Mal schlug, trat der Mann durch die kleine Haustür und machte sich langsamen Schrittes, misstrauisch um sich blickend, auf den Weg.

Ein Polizist stellte sich ihm entgegen.

»Entschuldigen Sie, auf ein Wort, *professore* ...«

»Bitte, sprecht doch ...«

»Nicht hier, in Ihrem Haus. Wir sind von der Königlichen Garde. Eine Durchsuchung ... Waffen ...«

»Wenn's nur das ist. Hier, der Revolver. Ein Mauser. Vor ein paar Monaten hatte ich Besuch von Räubern ... bloß zur Abschreckung ... Sehen Sie nur, er ist nicht geladen. Ich bin nicht einmal fähig, ihn zu bedienen.«

Inzwischen waren weitere Beamte hinzugekommen, und schon war der Mann umstellt. Er begriff. Ohne weitere Aus-

flüchte ging er ins Haus zurück und setzte sich neben dem Fenster nieder. Stumm in sich versunken, während die Beamten unter Ausrufen der Verwunderung und einigen Flüchen die kleine Wohnung auf den Kopf stellten. Gervasi betrachtete prüfend die beiden Zeichnungen, die mit Reißzwecken an der Wand befestigt waren; sie zeigten die gleiche Person: einmal auf leicht vergilbter Pappe als jungen Mann mit verschlagenem Blick, einen Pinsel in der Hand, auf der zweiten Zeichnung in fortgeschrittenem Alter und mit hochmütiger Miene. »Wer ist das?«, fragte er den *professore*, der gereizt zur Antwort gab: »Ein Judas. Der für fünf Centesimi auch die eigene Mutter verkauft.« Groß war die Verblüffung am Ende der Durchsuchung. Keine Spur von der Druckereiwerkstatt für Hundert-Lire-Scheine, die mutmaßlich mit der in Palermo im Verbund stand. Stattdessen fand man Handbücher über Chemie, Vergrößerungsgläser, Fotoapparate und die komplette Apparatur — von der Vorbereitung der Klischees bis zum Druck — eines unerwarteten Labors für die Fälschung von Fünfhundert-Lire-Banknoten, viele davon ordentlich verpackt unter den Kommoden und für den Absatz bereit. Doch weder eine Bank noch irgendeine Privatperson hatten jemals die Existenz eben dieser gefälschten Scheine zur Anzeige gebracht. »Wie ist das möglich?«, fragte sich der Kommissar verdutzt, und an den *professore* gewandt: »Mit wem arbeiten Sie zusammen?«
»Das hier habe ich alles allein gemacht. Und aussagen werde ich vor niemand anderem als dem Königlichen Staatsanwalt«, erwiderte der Mann barsch, der, ohne sich im Mindesten um das Treiben um ihn herum zu kümmern, wieder mit stolzer

Brust, doch gebrochener Sehkraft in Richtung der Lavafelder starrte.

Der telefonisch benachrichtigte Staatsanwalt traf einige Stunden später ein. Erstaunt blickte er auf den Mann mittleren Alters, der am Fenster saß; in seinem abgetragenen haselnussbraunen Anzug wirkte er wie ein bescheidener, ehrwürdiger Beamter im Ruhestand: In nichts entsprach er dem Klischee eines Geldfälschers oder Schwarzmarkthändlers, die sofort an ihrem Tand und Protz und dem im Vergleich zu ihrer angeblichen Tätigkeit hohen Lebensstandard zu erkennen waren.

Der Staatsanwalt hörte zu, prüfte, analysierte und verweilte vor dem Selbstbildnis, das den Schreiner so sehr in Schrecken versetzt hatte. Er, ein Amateurmaler zarter Veduten von Meer und Küste, blickte nun befremdet auf die beiden Gesichter ohne Schädel, die aus der Schwärze des Hintergrunds hervortraten.

Schließlich schickte er sich an, den Geldfälscher zu befragen, der ihn jedoch gestreng innehalten ließ: »Vor einem Künstler nehmen Sie gefälligst den Hut ab!«

Dieser stolze und empörte Ton brachte ihn aus der Fassung. So legte er nicht nur den Hut, sondern auch Überzieher und Schal ab, griff sich den einzigen Stuhl im Zimmer und setzte sich neben den Mann ans Fenster.

»Reden Sie jetzt«, sagte er. »Sagen Sie mir alles über diese Werkstatt.«

»Keine Eile«, war die Antwort. »Ich komm' schon noch dazu: Sie werden Namen, Nachnamen und Adressen erfahren. Alles.«

Der Geldfälscher Paolo Ciulla begann also seinen Bericht mit dem Tag seiner Geburt am 19. März 1867 in Caltagirone, in einem Sizilien, das in jenem Jahr beim schwierigen Übergang von der Herrschaft der Bourbonen unter die der Savoyer den Gipfel seiner verzweifelten Lage erreichte: Krieg, Aufstände, Cholera, Dürre. Und beim Erzählen geriet er in Begeisterung, wurde ironisch, war gerührt, entrüstete sich, wurde fuchsteufelswild angesichts der Ereignisse jenes Lebens, als wäre es das eines anderen und nicht sein eigenes. Die fabulierende Verdoppelung, wie sie jeder *conteur* — zwischen phantasievoller Allwissenheit und sich entziehenden Fakten — vollbringt, indem er die Leerstellen füllt und dem längst Vergessenen, dem Vorstellbaren einer Lebensgeschichte eine Stimme verleiht. Dem tieferen Sinn der Erzählung.

ERSTER TEIL

Der Künstler schließt mit euch einen Pakt:
findet sein Konterfei.

(nach einer kryptischen Zeichnung von Paolo Ciulla)[5]

Eins

Es war wahrlich kein friedlicher Spaziergang, jene wenigen hundert Meter, die *Don* Giuseppe Culla — wie ihn inzwischen so manch einer nannte — am Morgen des 20. März 1867 zusammen mit zwei Zeugen zurücklegte, um im Rathaus die Geburt seines am Vortag geborenen Sohnes anzuzeigen.

Kaum bog er um die Ecke der Via Sotto il Duomo im alten Stadtteil Giudecca, seinem Wohnviertel, wurde er von einer Polizeisperre aufgehalten, die eine neugierige Menge mit Drohgeschrei gegen das nahe Rathaus und den fernen Staat zu durchbrechen suchte; obschon Stadt und Staat in jenen Jahren von höchst integren Männern der Rechten geführt wurden, echten Liberalen, die freilich den Wert der Finanzen vor den Hunger des Volkes stellten.

Nach der von Garibaldi angeführten Revolution und der gewaltsamen Niederschlagung, die auch in Caltagirone Märtyrer hervorgebracht hatte, war der Hass auf die Regierung und ihre Unterstützer im Rathaus — geschürt von Kaplänen und Bourbonenanhängern — im Gleichschritt mit Zöllen, Militärdienstpflicht und Hungersnöten Jahr um Jahr angewachsen. Zwischen Juni und November jenes Jahres sollten die sozialen Spannungen mit der Ausbreitung der Cholera ihren

Höhepunkt erreichen. Denn in den ärmsten Schichten verbreitete sich bei den ersten Krankheitssymptomen auch die Überzeugung, dass die Regierung, um das Problem des Hungers und der öffentlichen Sicherheit zu lösen, die Streuung der Epidemie — Stadt für Stadt — mit genauen Vorgaben hinsichtlich der Anzahl der Toten und der Gesellschaftsschicht verfügt habe. Caltagirone hatte fünftausend Tote zu beklagen, alle unter den einfachen Leuten, den Handwerkern, den Arbeitslosen und den bedürftigen Bürgern. Darauf folgten Tumulte, Brände und Angriffe auf das Rathaus und eine gnadenlose Jagd auf den *untore*, den Giftsalber: Pech für den Unglücksvogel, der dabei überrascht wurde, wie er sich gerade zu Boden beugte oder sich dicht an den Mauern entlang fortbewegte, genau wie es im 17. Jahrhundert dem Barbier Mora und dem Kommissar der Gesundheitsbehörde Piazza geschehen war, den beiden Opfern in Alessandro Manzonis *Geschichte der Schandsäule*. Und der Aberglaube des Volkes wurde auch durch den aufsässigen katholischen Fundamentalismus angefacht, der von den Kanzeln herab, mit Donnergetöse von Verdammnis oder Kirchenbann, die Ursache der Epidemie in der antiklerikalen Revolution Italiens erkennen wollte, »das nun zu Recht von Gottes Hand mit der furchtbaren Cholera bestraft wurde.«

Doch an jenem 20. März war die Cholera ein bloßes Drohgespenst. Heftiger und unmittelbarer war das Bedürfnis nach Nahrung: Seit neun Monaten regnete es nicht mehr, auf ein Jahr der Dürre folgte ein weiteres, gleichermaßen unfruchtbares, brütend heißes. Und obwohl die Stadtverwaltung dafür gesorgt hatte, dass Weizen aus Catania kam — wohin er

wiederum aus Tunesien und Ägypten angeliefert wurde —,
hatte man kein Brot backen können: Flüsse und Wildbäche
waren ausgetrocknet, und so standen die Flügel der Mühlen
unerbittlich still. Der Weizen, das waren unbezwingbare Kör-
ner geblieben, und die Stadt somit ohne Brot. Nachdem man
am Stadtrand auf eine verhungerte Schwangere gestoßen
war, obsiegte der Hunger über jede atavistische Vorsicht; Proteste und Plünderungen nahmen Tag um Tag zu, bis an ebenjenem Morgen ein unschuldiger Wachmann der Stadtverwaltung ermordet wurde, der mit dem Regierungsinspektor des
Versorgungsamtes, Eugenio Manca, dem eigentlichen Ziel
des Schützen, unterwegs war, um die städtischen Backstuben zu inspizieren.

An Brot mangelte es Don Giuseppe Ciulla in Wirklichkeit
nicht. Gleich nach der Vereinigung Italiens war er aus dem
fernen Barrafranca mit einem kleinen Sparsäckel hierher-
gekommen, hatte eine Schuhmacherwerkstatt eröffnet, an
die er nach und nach einen bescheidenen, aber vom Glück
gesegneten Lederwarenhandel angliederte. Damit konnte er
nicht nur sorglos leben, sondern auch etwas zur Seite legen.
Seiner geizigen Natur schmerzlich zuwiderhandelnd, kaufte
er unter der Hand stets ein wenig überteuertes Mehl für seine schwangere Frau, die er im Jahr zuvor geheiratet hatte.
Verführt hatten ihn nicht ihre liebliche Schönheit, auch nicht
ihr jugendliches Alter, sie war zwanzig Jahre jünger als er,
sondern ihre Geschicklichkeit als Strumpfwirkerin.
Don Giuseppe war nicht nur knausrig, sondern auch äußerst
umsichtig. So versuchte er an jenem Morgen, unbemerkt an

den Wachleuten und dem Ermordeten vorbeizuschlüpfen, taub obendrein gegenüber dem Drohgeschrei an die Adresse der Behörden. Er zerrte seine beiden Begleiter, die sich unter die Menge hatten mischen wollen, mit sich fort und machte schleunigst kehrt. Nachdem er mit ihnen einen langen Umweg über den unteren Teil des Corso zurückgelegt hatte, traf er schwer atmend am Rathaus ein, wo alle wegen der bedrohlichen Anwesenheit des gemeinen Volks draußen auf der Piazza in höchster Aufregung waren.

Die beiden Rathausdiener, die am Eingang Wache hielten, hießen ihn mit einem barschen »Das ist ein Befehl. Keiner darf hier vorbei!« Halt machen. Aber ein paar Münzen der alten Währung dienten als Passierschein, der es ihm begleitet von einem verschwörerischen »Macht schnell, Euer Ehren« erlaubte, endlich die Geburt seines Sohnes Paolo Francesco Gesualdo registrieren zu lassen und sich von der lästigen Gegenwart der zwei Zeugen zu befreien.

Während er sich zufrieden und nunmehr allein auf den Heimweg machte, vervielfältigten sich in seinem Kopf die Bilder der von Lederwaren überquellenden Ladengeschäfte und einer schwatzenden Schar wartender Kunden: Diesem Sohn, Lohn und Zukunft seiner Arbeit, würde er den Umgang mit Schnur, Pfriem und Hammer lehren, um einen Schuster, vor allem aber einen geachteten Händler und einen kundigen Meister des Geschäfts und der Kundenwünsche aus ihm zu machen, wie er selbst einer war.

Diese Geburt mehrte sein Glück. Er erweiterte die Werkstatt um einen Großhandel in einer der prächtigen Straßen der Stadt, der auch auf Kunden aus den umgebenden Ortschaften zählen konnte. Die Gewinne verwandelte er in Darlehen an Händler in Schwierigkeiten und an Adlige, die auf dem Trockenen saßen, und konnte so binnen kurzer Zeit den gemieteten Laden und das kleine Haus, das er bewohnte, erwerben, während der Landbesitz zahlungsunfähiger Personen, einer nach dem anderen, in seine Hände überging.

Als sein Sohn etwa vier Jahre alt war, beschloss er, ihn zu sich in die Werkstatt zu holen, um ihn mit dem Werkzeug vertraut zu machen. Doch Paolo weinte, bis ihn Krämpfe schüttelten, und war nicht zu beruhigen. Don Giuseppe verschob die Sache auf spätere Jahre und war immer bestürzter wegen dieses Knaben, der sich mit zunehmendem Alter wenig bis gar nicht in der Werkstatt blicken ließ. Stets hockte er zu Hause und schaute der Mutter beim Strümpfestricken zu. Doch eigentlich wartete er gespannt darauf, dass sie — und das hätte sich der tatkräftige Don Giuseppe niemals vorstellen können — diese Arbeit niederlegte, um endlich ihr Stickzeug zur Hand zu nehmen. Wie verzaubert folgte der Sohn ihren Fingern, unter denen sich bunte Seidenfäden auf einem Deckchen oder einem kleinen Tischtuch in Blumen, Blätter und vielfarbige Schnörkel verwandelten. Beim Sticken sang sie. Und hinter ihr sang auch Paolo, mit einem hohen und sehr wohlklingenden Stimmchen. Das war ihrer beider *Geheimnis*. Don Giuseppe wollte nämlich nichts davon wissen, er hielt diese unproduktive Stickerei für Zeit- und Geldverschwendung, obschon seine Frau betonte, dass sie es nur auf Stoffresten machte, um ihre Augen auszuruhen, die infolge der Monotonie der grauen und schwarzen Strümpfe schier blind waren.

Vollkommen unproduktiv erschien ihm auch die außergewöhnliche Begabung, die der Sohn schon von den ersten Schuljahren an bewies: Er malte alles in seiner Umgebung ab, und wenn da nichts war, das sein Interesse weckte, so zeichnete er aus dem Gedächtnis und mit großer Liebe zum Detail Gesichter, Gegenstände, Landschaften, die er irgendwann einmal gesehen hatte.

Am Ende der Grundschuljahre war keine Rede mehr davon, dass er im Geschäft mitarbeiten sollte. Seine Lehrer und die meist gefügige, jetzt aber unnachgiebige Gattin drangen einstimmig darauf, dass Paolo unbedingt auf der Königlichen Fachschule seine Studien im Zeichnen fortsetzen solle. Doch wenige Tage nach seinem Eintritt schon lief der Junge, die Zerstreutheit der Schulbediensteten ausnutzend, davon. Giuseppe fand ihn mitten auf dem freien Feld, zitternd unter einen Granatapfelbaum gekauert. Nichts von dem geschah, was der Junge, den Blick hebend — da stand er, der Vater mit dem Ledergurt in der Hand — glaubte, es müsse geschehen. Der beugte sich nämlich zu ihm nieder, legte die Arme um seine Schultern und brachte ihn nach Hause. »Du warst es doch, der auf die Schule gehen wollte. Warum bist du dann weggelaufen?«, fragte er, indes ohne eine Antwort zu erhalten, außer einem untröstlichen Schluchzen. Am nächsten Tag begleitete er ihn höchstpersönlich in die Schule zurück.

Am meisten jedoch beunruhigte Don Giuseppe das verwirrende Durcheinander der gesellschaftlichen Stände und Hierarchien unter den Freunden des Jungen: Vom ersten Schuljahr an bildete er mit Turi, dem jüngsten der drei Söhne des Barons Aprile, ein unzertrennliches Gespann; auch mit Luigino, dem Sohn eines Habenichts ohne Kunst noch Können aus Acquanuova — als Halbwüchsiger dann wird Luigino mit der ganzen Familie auf der Überfahrt nach Amerika ums Leben kommen. Ob Nebel oder Schirokko, stets steckten die drei zusammen. Sie jagten jeder Neuigkeit nach, folgten wie Schatten dem Fotografen Valenti, quasselten unaufhörlich miteinander, verschwanden für ganze Nachmittage, ohne dass jemand wusste, was sie anstellten, noch, wohin sie gegangen waren.

Ohnmächtig fühlte sich Don Giuseppe gegenüber diesem dickköpfigen und launischen Sohn, der ihm in allem und jedem widersprach. Und aus dem kein Kapital zu schlagen war. Doch das war nur der Vorgeschmack des großen Schmerzes, den ihm Paolo ein paar Jahre später bereiten sollte, als er, frisch diplomiert, verkündete, er werde aufs Festland gehen, um an einer angesehenen Akademie Malerei zu studieren. Vergebens versuchte Giuseppe, ihn mit der nassen Wäscheleine zur Vernunft zu bringen, drohte, ihn aus dem Haus zu werfen. »Wucherer!«, schrie der Sohn ihm entgegen, und kam am Abend nicht mehr nach Hause, sondern ging in eine Ortschaft in der Nähe, um dort gegen Kost und Logis Häuser anzustreichen. Allein die Tränen der Mutter konnten Paolo einige Wochen später zur Rückkehr bewegen.

Das war das letzte Mal gewesen, dass der Vater versuchte, ihm seinen Willen aufzuzwingen. Fortan fand er sich mit ihm ab wie mit einem Schicksalsschlag: Es kommt, wie's kommen soll, warum also Tränen vergießen.

Auch mit den anderen Kindern war ihm das Glück versagt: Der Zweitgeborene, Vincenzo, hatte zwar schon als kleiner

Bub den Beruf des Schuhmachers erlernt, verstand sich aber nicht auf den Handel und ließ sich von jedermann übers Ohr hauen. Rosetta, die Letztgeborene, kostete ihn für besondere Nahrung und Arzneien ein Vermögen.

Geschlagen mit so unnützen Kindern und der Diabetes, die ihm langsam den Blick trübte, blieb ihm nichts weiter, als seine Geschäftstätigkeit zu beenden.

Die Schuld hierfür suchte er beim modernen Leben: in der Laxheit der Sitten; der Schulpflicht, die die Kinder von der Arbeit abzog; und beim größten aller Übel, den Zeitungen, die in den Köpfen der jungen Leute für übergroße Erwartungen sorgten und Unruhe stifteten; bei der Vorstellung einer Welt, die sich zu schnell wandelte und den angestammten Platz und die Rolle aller Dinge durcheinanderbrachte.

Es war die Revolution von 1860, die in den Augen von Don Giuseppe alles aus den Fugen hatte geraten lassen. Je mehr Jahre vergingen, desto stärker ergriff diese Unordnung das Denken, zerrüttete die Sitten und das Gehirn der Menschen. Und vielleicht auch das der Tiere, schloss er bitter und dachte dabei an seinen Hund Damuso, der, missraten wie sein Sohn, bisweilen grundlos die Zähne gegen ihn fletschte.

(Notiz)

Ein Schusterkollege war es, der Don Giuseppe Ciulla — er verstand sich sehr gut aufs Rechnen, stolperte beim Lesen aber über jede Silbe — die erste offizielle Verlautbarung über seinen Sohn vorlas.

In einem Artikel vom 17. Oktober 1885 in *Il Cimento* — eines der zahlreichen kurzlebigen Blätter, die in den letzten zwei Jahrzehnten des 19. Jahrhunderts für Bewegung im politischen und kulturellen Leben von Caltagirone sorgten — war die Rede von dem außergewöhnlichen Malertalent des jungen Mannes und von einem sehr schönen, in der Via del Corso ausgestellten Portrait, gemalt »ohne fremde Hilfe, nur mit natürlicher Begabung; doch weit mehr könnte er erreichen, wenn ihm jemand, zum Beispiel die Stadtverwaltung, die Mittel für ein Studium zur Verfügung stellte«.

Und das Rathaus stattete Paolo tatsächlich mit solchen Mitteln aus, wie es jahrhundertealter Brauch einer Stadt so wollte, in der eine kleine Elite aristokratischer Familien, sich in den Amtssesseln der Institutionen abwechselnd, den überaus reichen öffentlichen Besitz verwaltete. Sie taten das zum eigenen Vorteil, aber mit großem politischem Gespür: So versahen sie die Gemeinde mit allen denkbaren kulturellen Einrichtungen und Wohltaten und schickten die Verdienstvollsten unter den jungen Leuten — aller Gesellschaftsschichten — auf Kosten der Stadt zum Studium an die renommierten Universitäten und Akademien Italiens. Im Gegenzug wuchsen Ansehen und Macht der Honoratioren, wie es just in diesen Jahren bei Giorgio Arcoleo der Fall war.[6] Auch dem vielversprechenden Paolo Ciulla wurde ein Stipendium zugesprochen, damit er weiterhin Malerei an den Kunstakademien in Rom und in Neapel studieren konnte, doch mit der stillschweigenden Verpflichtung, nach Beendigung des Studiums sein Können der Gemeinschaft zur Verfügung zu stellen. In devotem Einvernehmen mit ihrer führenden Klasse.

Zwei

Ans Fenster gelehnt, betrachteten die zwei jungen Männer das ungewohnte Bild verschneiter Dächer und Kirchen.

»Was für ein seltsames Licht! Eine Minute noch, dann gehen wir«, sagte Paolo erregt, der, Bleistift und Papier in der Hand, an einer Skizze seines Freunds arbeitete; Santi war Sizilianer wie er, allerdings aus Augusta, Sprössling einer Künstlerfamilie, die seit der Renaissance viele Maler und Stuckateure hervorgebracht hatte.

Sozusagen aus geographischer Solidarität war bei ihrer ersten und befremdlichen Begegnung mit Rom unmittelbar ein Einvernehmen zwischen den beiden jungen Männern aufgekeimt. Und das trotz ihrer grundsätzlichen Verschiedenheit, die den exzentrischen Paolo — dem alle, Kollegen wie Professoren, außergewöhnliches Talent bescheinigten — dem schüchternen Zimmergefährten und Kommilitonen Santi gegenüberstellte, der oftmals durch die bestürzenden öffentlichen Auftritte des Freundes in Verlegenheit geriet. Heftig war dann die Streiterei, rasch aber folgte die Versöhnung. An jenem Nachmittag wollte Paolo den Freund zu der Versammlung mitschleppen, auf der eine — für ein paar Tage später geplante — Protestkundgebung gegen den Kolonialkrieg und das Massaker im eritreischen Dogali vorbereitet werden sollte. Sozialisten, Garibaldiner, Anarchisten, Republikaner, sogar radikale Monarchisten, alle wollten sie zu dieser Kundgebung kommen und den Rücktritt des Regierungschefs Depretis fordern. Und für alle galt die Parole »Keinen Sou und keinen Mann für den Feldzug in Afrika!«[7]. Santi widerstrebte so etwas, er argumentierte, dass es der letzte Tag der Ausstellung sei, deren Besuch ihnen der Professor für Modellzeichnen ans Herz gelegt hatte. Doch es war weniger eine Empfehlung als eine Verpflichtung: Die Skulptur von Medardo Rosso — hatte der Professor erklärt — sei keine Millimeter genaue Vermessung von Bewegung und Raum, sondern atmende Materie, Form gewordenes Licht: die neue Kunst, wie sie in Paris am Entstehen war.

Paris war, wie für jeden Studenten an der Akademie, auch für Paolo und Santi die Utopie von Leben und Kunst schlechthin: Sie hatten sich geschworen, nach dem Studium zusammen dorthin zu gehen.

Sie fanden einen Kompromiss: zuerst ein kurzer Besuch der Ausstellung, danach die Versammlung. In der Galerie dann trennten sich ihre Wege. Santi brachte wie immer die Dinge rasch hinter sich. Paolo verweilte, um die kleinen Skulpturen von Schuhmachern, Dienerinnen, Kindern, Wäscherinnen in Augenschein zu nehmen. Lange verharrte er vor der Figur eines Straßensängers mit zerlumptem Mantel und Gitarre in der Hand, das Gesicht von einem Schlapphut verschattet. Paolo meinte, einen Schrei der Ohnmacht zu hören: eine quälende Sehnsucht ohne Aussicht auf Erlösung, wie das Leben hätte sein sollen und es doch nicht war. Diesem Sänger fehlte nicht nur die Arbeit, sondern auch die Freude am Gesang.

Draußen vor der Galerie stritt er später heftig mit Santi, der in der Kälte auf ihn gewartet hatte und dann beleidigt, sich dem Freund widersetzend nach Hause ging. »Eine Ausrede! In Wahrheit hast du Angst«, rief ihm Paolo verächtlich hinterher. So machte er sich allein auf den Weg zur Versammlung, die bei seinem Eintreffen bereits in vollem Gange war.

In das dichte Schweigen des Publikums fielen die Worte der jungen Russin[8] wie Gluttropfen und umrissen die zukünftige Landkarte der Geschichte: der eines 20. Jahrhunderts, das Ausbeutung und Privilegien abschaffen würde und bereits vor der Türe stand: In Russland, in Frankreich, auch in Italien waren Bauern, Arbeiter, Intellektuelle auf dem Weg zur Revolution, denn, so schloss die Rednerin mit bebender Stimme, »eine Revolution ohne umfassende und glühend vorangetriebene Zerstörung kann es nicht geben, eine Zerstörung, heilsam und fruchtbar, denn nur aus ihr und nur durch sie können neue Welten erschaffen und geboren werden«[9].

Mit einem Schlag wurde aus der Vision, die Paolo in einer Augustnacht des vorangegangenen Sommers gehabt hatte, eine klare Vorstellung.

Turi war es gewesen, der ihn in die Paläste der Aristokratie eingeführt hatte, Turi, mit dem er, wann immer er von der Akademie nach Hause kam, trotz Vorhaltungen und Murren der Eltern seine Zeit verbrachte: In Maruzellas Ausschank tranken sie dann Wein, stärkten sich mit weißen Bohnen, im Tausch gegen ein paar Skizzen. Zusammen sah man sie auch auf den exklusiven Empfängen des hochtrabenden Adels, bei denen jedoch auch Künstler Zutritt hatten und oftmals an der Gestaltung der Beleuchtung und des Bühnenbilds beteiligt waren. Auf jenem Fest im August waren sie alle im Palazzo Libertini zugegen: Bildhauer, Dichter, Musiker und Maler, und obgleich Paolo sich mit aller Kraft danach sehnte, wagte er es nicht, sich ihnen zu nähern.

Turi und Paolo wurden gleich nach ihrem Eintreffen, noch vor dem mitternächtlichen Tanz, in einen Saal geleitet, wo sich vornehme Damen am Klavier abwechselten. Turi, der verrückt nach Musik war und sämtliche Opern, Sängerinnen und Sänger kannte, wandte sich degoutiert ab und ging ans Buffet. Paolo blieb, an den großen Marmorkamin gelehnt, bis zum Auftritt der Baronin, die auf der Harfe Auszüge aus der Oper *Faust* spielte. Ein leichtes Atmen hob ihr Tablier aus rotem, mit goldenen Blumen besticktem Brokat über dem Gewand aus weißem Damast. Mythisch und zeitlos, wie eine griechische Vasenmalerei.

Die Nacht war warm. Grüppchen von Männern und Frauen verließen den Ballsaal und ergingen sich auf der schwach beleuchteten Terrasse, über die Schatten hinweghuschten, wie sie von lokalen Künstlern entworfen waren — von Bäumen, fliehenden Tieren, Barken auf der Fahrt über ein virtuelles Meer: ein dahintreibendes Schiff auf dem undurchdringlichen Schwarz der Piazza, die sich Stunden später mit Tagelöhnern füllte, die hofften, zu einem Arbeitseinsatz gerufen zu werden. Paolo sah Hacken, Sicheln, Jätmesser an der Fassade hinaufklettern, in die barocken Salons eindringen, mit der düsteren Farbe der Not den Stuck, die Tänze, den hellen Seidenglanz der Tapeten verdunkeln, während die Dame an der Harfe, ungerührt von allem, ihr Spiel fortsetzte.

Wenige Stunden später entdeckte die Hausherrin beim Durchqueren eines kleineren Saals etwas abseits den jungen Ciulla, der mit Zeichnen beschäftigt war. Sie beugte sich nach vorn, um die Skizze zu betrachten. »Das bin ja ich!«, rief sie mit Staunen und Bewunderung aus. Während alles um ihn herum versank, hörte sich Paolo mit gezierter Stimme sagen: »Zu gütig, Baronin, stets zu Ihren Diensten.«

Und Liebesdienst wurde ihm der erregende Gedanke an ihre Finger auf den Harfensaiten, während er einsam sich Lust verschaffte und Männergesichter sich über dieses Bild legten, damit verflossen, und einmal sogar — gefolgt von großen Schuldgefühlen und außerordentlicher Wollust — das schlichte Antlitz seiner Mutter auftauchte. Platonisch und tröstlich sollte ihn diese geheime Passion noch über viele Jahre begleiten, selbst als ihm die Welt der chinesischen Schatten und raffinierten Roben, die er zusammen mit Caltagirone hinter sich gelassen hatte, schon sehr fern war.

An jenem Abend im Winter 1887 fand an der Seite des schneeweißen Antlitzes der Baronin in Paolos Herzen und Gedanken das vor Leben sprühende von Anna Kuliscioff seinen Platz. Und dazu die Gewissheit, dass der Welt Angelpunkte zwei waren: die Macht der Gerechtigkeit und die Wahrhaftigkeit der Schönheit.

Nach seinen zwei römischen Jahren ging Paolo Ciulla nach
Neapel, um an Italiens bedeutendstem Institut der Schönen
Künste sein Studium zu Ende zu bringen. Doch seinen Abschluss machte er mitnichten. Mitten im Jahr 1888 beorderte
ihn ein Telegramm nach Caltagirone zurück, wo seine Mutter
ganz plötzlich gestorben war; nach dem Tod ihres erblinde-
ten, an Diabetes erkrankten Mannes hatte sie ein Jahr lang mit
unerwartetem Elan die Geschäfte nebst dem Haushalt wei-
tergeführt; davon war sie nicht abzubringen gewesen, denn
der Sohn sollte um jeden Preis seine Studien beenden. Nach
ihrem Tod musste er als Ältester trotz seines Widerwillens
die Geschicke der Familie lenken. So brachte er die halb-
wüchsige Schwester in einem Mädchenpensionat unter und
vertraute die Leitung der Ladengeschäfte dem Bruder an, der
sie bereits ein paar Jahre später wieder schließen wird, um
in die Kavallerie einzutreten.

Paolo entschied, seine Passion für die Fotografie zum Beruf
zu machen. Mit dem Ertrag aus dem Verkauf eines Grund-
stücks eröffnete er ein Fotoatelier, wo er am Ende auch selbst
einzog. In den Abendstunden verwandelte sich sein Reich in
eine politische Experimentierwerkstatt; es entbrannten dort

hitzige Diskussionen mit Turi und den anderen Freunden, den Überläufern aus der alten, den Honoratioren allzu ergebenen Arbeitergesellschaft, über den neuen Kurs der Geschichte und die Unvermeidlichkeit der Revolution. Sie allein war imstande, davon war er felsenfest überzeugt, die alte Welt der erdrückenden Steuerlasten und der Barone hinwegzufegen. Denn auch in Caltagirone, wo alles stillzustehen schien, reifte im Volk langsam ein neues Bewusstsein heran. Und der Kluft zwischen Bewusstsein und Bedürftigkeit entsprang der Funke der Revolution.

Turi gab ihm Recht, merkte jedoch an, dass es in Erwartung der Revolution wichtig sei, den Arbeitern ein unmittelbares politisches Ziel vorzugeben: die Gründung eines neuen Arbeiterzirkels, der imstande wäre, bei der Eroberung des Rathauses das Monopol der Honoratioren furchtlos herauszufordern, jedoch ohne anarchistische Terrorakte oder sozialistische Drohgebärden: nur mit der Unterstützung der Radikalen Partei, die der Monarchie und dem Eigentum nicht abhold war, und Seiner Exzellenz Francesco Crispi, der den bislang vom König ernannten Bürgermeister nunmehr durch Wahlen ins Amt bringen wollte und zu diesem Zweck das Wahlrecht auf alle Alphabetisierten ausdehnte. Die nächste Kommunalwahl im November bei erweitertem Stimmrecht — war also *die* Gelegenheit!

Turi gewann die Oberhand über die extremistischen Anwandlungen seines Freundes. Paolo gehörte dann zu den Gründungsmitgliedern des Arbeiterzirkels, dem sich mit Blick auf die bevorstehende Wahl auch die Besitzstandslinke und die Proletarische Linke anschlossen. Als Bindeglied zwischen diesen Gruppierungen fungierte die Familie Aprile, die den Arbeiterzirkel mit ihrer ganzen Autorität streng kontrollierte: Turi, der Jüngste der drei Brüder, wurde zum Vorsitzenden ernannt, da er den Forderungen der Arbeiterklasse am nächsten stand; Vincenzo wurde zum Herausgeber des im Familienbesitz befindlichen *Corriere*, fortan das offizielle Sprachrohr des Zirkels; der älteste Bruder hingegen, Baron Pietro — der mehr als alle anderen den Zirkel gewollt hatte und maßgeblich für dessen sämtliche Entscheidungen war — hielt in Rom die Kontakte zum Ministerpräsidenten Francesco Crispi, seinem persönlichen Freund, und in Catania, wo er Verfassungsrecht lehrte, zu dem leicht entflammbaren Giuseppe De Felice Giuffrida.

Eine Kandidatenliste mit einem jungen Landbesitzer an der Spitze wurde zusammengestellt; sie setzte sich überwiegend aus neuen Namen, jungen Männern zusammen, darunter der Maler Paolo Ciulla, der in Abendkursen des Zirkels mit Hingabe kostenlosen Zeichenunterricht erteilte.

Obschon todmüde vom Tagwerk, sperrten Bauern und Arbeiter voller Verwunderung die Augen auf, wenn Paolo, *il professore*, an der Wandtafel mit schnellen Strichen Karikaturen von korrupten Assessoren, betrügerischen Adligen, raffgierigen Priestern entwarf. Seine rätselhaften Zeichnungen ließen sie ehrfürchtig staunen, als wären sie Zauberwerk.

Eines Abends, es war kurz vor dem Wahltag, zeigte er ihnen die Karikatur des scheidenden Bürgermeisters: ein Mann wie ein Uhrwerk, das ein Uhrmacher vergeblich wieder zum Laufen zu bringen versucht. *Der Uhren-Mann läuft nicht und wird nie mehr laufen können*, lautete denn auch die Bildunterschrift; und darunter stand noch eine zweite Zeile: *Der Künstler schließt mit euch einen Pakt: findet sein Konterfei.*

Ohne Erfolg suchten die Schüler nach einem Gesicht in der Zeichnung. Schließlich stellte Paolo sie auf den Kopf und deutete auf sein verstecktes Profil: auf den Kinnbart, die geblähten Nasenflügel, den großen Spitzhut, wie Zauberer ihn tragen.

»Die Wahrheit findet sich niemals an der Oberfläche«, schloss der Lehrer sybillinisch. »Es braucht geübte Augen, um sie zu erkennen. Denn zuweilen kommt sie im Gewand der Lüge daher.«

Paolo spürte den durchdringenden Blick von Cola, einem jungen Maurer, der ihn nach dem Unterricht auch prompt anhielt. »Sie müssen mir beibringen, so zu zeichnen und zu sprechen, wie Sie es können«, sagte er, »die Sache mit der Wahrheit und der Lüge, die müssen Sie mir genauer erklären.« Paolo lud ihn in sein Atelier ein.

Am Ende verbrachte Cola dort seine Tage und seine Nächte — arbeitsame Tage und leidenschaftliche Nächte. Er hängte den Maurerberuf an den Nagel und wurde Paolos Gehilfe, rund um die Uhr und mit ganzem Herzen.

Drei

Eine lange baumbestandene Allee kennzeichnet den neuen Teil von Caltagirone in der flachen Gegend südlich der Hügel; links und rechts modernistische Gebäude, angesagte Shops und zementierte Freiflächen an der Straße, wie die *Ecke* genannte, wo junge Leute Bier trinkend, einen Joint rauchend ihre Abende verbringen und von einem Leben träumen, oft ohne es zu leben.

Diese Allee ist nach Mario Milazzo benannt. So lautet der Name des Mannes — heute vielleicht nur ein Klang ohne Bezug —, der 1889 die Liste der Arbeiterpartei anführte und sich in der Stadt großer Bekanntheit erfreute, weil er bereits mit achtzehn Jahren ein den Konservativen nahestehendes Journal für Politik und Gesellschaft gegründet hatte, das er mit bissiger Angriffslust leitete. Für alles Moderne offen — Hochrad, Telegraph, Eisenbahn —, hatte er sich dem neugegründeten Arbeiterzirkel angenähert und eine freundschaftliche Beziehung, getragen von zahlreichen politischen Gemeinsamkeiten, mit Turi Aprile und Paolo Ciulla, im gleichen Alter wie er, aufgebaut. Sie bildeten ein spottlustiges und subversives Trio: Provokativ zogen sie inmitten von Tagelöhnern und Arbeitern vor das *Casino di Compagnia*[10], den Zirkel der Adligen, ein Gebäude aus dem 16. Jahrhundert, und hielten dort ihre Kundgebungen ab. Gerechtigkeit, Gleichheit, Demokratie lauteten die Parolen, die mit größter Inbrunst unter den Bögen der Loggia widerhallten.

Tatsächlich bezogen sich die jungen Anführer des Arbeiterzirkels, Gegner der Stadtregierung und Franzosenfreunde, auf die Ideale der Französischen Revolution, die sich damals zum hundertsten Mal jährte: Es handelte sich dabei um eine massive Propagandaaktion gegen den scheidenden konservativen Bürgermeister, Michelangelo Libertini, und dessen Sohn Gesualdo, den neuen Anwärter auf das Amt; und um ein Programm, wie Turi in einem Leitartikel im *Corriere* schrieb, »des Kampfes ohne Ansehen der Person gegen Honoratioren und Bourgeoisie und alle sozialen Klassen, die deren Interessen teilen«.

Viel Lärm um nichts, sagten sich die Honoratioren und fuhren ungestört fort in ihrem demagogischen Spiel — sich in der Gewissheit wiegend, dass rein gar nichts sich ändern würde.

Ein quälendes Warten auf Veränderung befiel die Stadt und ganz Sizilien, das nicht mehr das aus der Zeit von Cholera und Hungersnot war, als Paolo Ciulla zur Welt kam.

Ein beschleunigter gesellschaftlicher Wandel brachte die bislang von allen Entscheidungen ausgeschlossenen Kräfte zum Zug: Arbeiter und Bauern, von denen einige lesen und schreiben konnten, und eine *middle class*, Handwerker, Händler, Regierungsbeamte, die bei jener Wahl im November sowohl auf den Listen der Honoratioren als auch auf denen des Arbeiterzirkels vertreten waren.

Es waren dies die gebildeten Söhne geistiger Ziehväter wie Don Calogero Sedara aus *Der Leopard* von Giuseppe Tomasi di Lampedusa, wie Giovanni Vergas *Mastro-Don Gesualdo* und, um im Kontext unserer Erzählung zu bleiben, geschickter Handwerker mit Unternehmergeist wie Giuseppe Ciulla, die, auf Distanz zur kompromissbereiten Politik ihrer Väter gehend, eine wahre Kulturrevolution auslösten: Sie gründeten Zirkel und Parteien für Arbeiter, verbreiteten sozialistische und anarchistische Ideale, befehligten die *Fasci siciliani* — die erste Revolution mit spezifisch klassengesellschaftlicher Ausrichtung im geeinten Italien[11]. Beide Rollen, die wirtschaftliche der Väter und die gesellschaftliche der Söhne, werden nach wie vor verachtet oder nicht thematisiert von einer Lesart der Geschichte, die nur auf die Aristokratie und den Großgrundbesitz in Sizilien blickt, wo Anfang der neunziger Jahre des 19. Jahrhunderts jedoch noch jede historische Entwicklung vorstellbar und möglich war. *Peones* und Lohnempfänger, schwarze Schultertücher und Pariser Moden, unproduktiver Feudalbesitz im Landesinnern, ausgeprägte Landwirtschaft in den Ebenen und an den Küstenstreifen lebten dort wild und ungebändigt zusammen; auch mit dem Schwefelabbau und dem verarbeitenden Gewerbe und dem blühenden internationalen Handel, vor allem mit Amerika. Mit Volksschichten, die zu Gesellschaftsklassen wurden, mit Bauernaufständen, die sich zu strategischen Kampfaktionen zuspitzten.

Doch in jenen Jahren verlagert der aristokratische Großgrundbesitz seine Interessen nach Rom und macht sie damit zur nationalen Angelegenheit. Obgleich politische Gegenspieler, sind sich Crispi und Di Rudinì einig in der starren Abwehrhaltung gegenüber allem Neuen, das in Sizilien zündet: Unterdrückung der aufstrebenden Klassen und Wirtschaftszweige mittels Kanonen und Belagerungszuständen. Und dank maßgeblicher Unterstützung durch die Kommunalverwaltungen: Diese sind die Drehscheibe aller Entscheidungsfindung und der eigentliche und nie zerschlagene Kern der ungelösten Probleme Siziliens.

Die Geschichte Siziliens ist vor allem eine Geschichte der *città demaniali*, der Städte des Königreichs. Eifersüchtig über ihre jahrhundertealten Privilegien und städtischen Freiheiten wachend, suchen sie nie den Zusammenschluss unter-einander, sondern sehen sich stets im direkten Verbund mit der Zentralregierung: vor der Einheit mit Madrid und Nea-pel, später dann mit Rom, auf dem Weg über den jeweiligen Abgeordneten, der organisch mit den Honoratioren verwach-sen ist; es herrscht eine radikale Vertikalität in der Politik, die nicht über die Mauern der Stadt und die Interessen ihrer führenden Klasse hinausreicht und somit jedweden Zusam-menschluss — der Politik, der Wirtschaft, der Klassen — zu einer einheitlichen Perspektive für die Insel unmöglich macht.

Ein erbitterter Kampf herrschte also um die Kontrolle der Rathäuser, und jedes Mittel war dafür recht: Kompromisse, Opportunismus, Wahlbetrug, bisweilen auch originelle Lö-sungen, um das Neue in Angriff zu nehmen.

Im ersten Jahrzehnt des 20. Jahrhunderts kamen die innova-tivsten Ansätze von den sizilianischen Stadtverwaltungen, etwa aus Catania: Dort war es der sozialistisch inspirierte Giuseppe De Felice Giuffrida, der, unterstützt von einem neuen Block aus Proletariat und Mittelschicht, alle Dienst-leistungen kommunalisierte, selbst die Backstuben: Aus ganz Italien strömten die Leute herbei, um vom reinweißen *pro-letarischen* Catania-Brot zu kosten.

Aber auch aus Caltagirone kamen neue Antriebe, wie die von Don Luigi Sturzo: Mit einem katholisch inspirierten Koope-rationsprogramm, das der Wucherei den Kampf angesagt hatte, führte er — zwar im Bündnis mit den alten Honora-tioren, doch mit ebenjenem politischen Gespür für den his-torischen Moment, an dem es den anderen mangelte — seine

Stadt an die Spitze einer zwischen den Klassen vermittelnden Elite.

Noch als Diakon betrat Don Luigi Sturzo am Vorabend der Wahl zum ersten Mal die Bühne der Stadt und hielt eine flammende Rede über die moralische Verderbtheit der Zeiten und den Mangel an öffentlicher und privater Wohltätigkeit. Ganz Caltagirone war in der Kathedrale versammelt, um ihn zu hören: die Amtsträger der Gemeinde, die Verbände der Handwerker, die Ratsherren aus der Provinz, die Mitglieder und Anführer des neu gegründeten Arbeiterzirkels.

Das Porträtisten-Auge des jungen Ciulla, der damals bereits eifrig um die kulturellen Aktivitäten im Arbeiterzirkel bemüht war, erfasste bei Don Sturzo sogleich die Zielstrebigkeit der langen und spitzen Nase, die Beharrlichkeit im kantigen Gesicht, die Kraft der dünnen, an Raubvogelkrallen erinnernden Hände, die mit theatralischem Geschick sanft die Luft modellierten.

(Notiz)

Zwischen Juni und November 1889 berichteten die Zeitungen von mehreren Gemeinschaftsausstellungen, die Werke von Paolo Ciulla zusammen mit jenen Künstlern zeigten, denen er sich am Abend des Balls im Palazzo Libertini nicht zu nähern gewagt hatte. Anfangs mangelte es allerdings nicht an Kritik.

In der Besprechung der ersten Ausstellung deutete die konservative Zeitung *La Falce* zwischen den Zeilen an, dass der junge Maler des Arbeiterzirkels wohl allzu sehr mit Politik beschäftigt sei und deswegen keine Gemälde mehr geschaffen habe, sodass er nur mit »zwei bereits bekannten Arbeiten aus dem Jahre 1885« vertreten sei, »beziehungsweise mit solchen aus den Anfängen seiner Karriere, während er doch der Ausstellung mit neuen Werken zu Glanz und Ehre hätte verhelfen können«.

Der Artikel führte bei Turi zu einem regelrechten Tobsuchtsanfall, ja, er wollte den Chefredakteur von *La Falce* gar zum Duell herausfordern: »Hier, schau«, schrie er und knallte Paolo die Zeitung ins Gesicht, »die Gegner behaupten, dass das Rathaus einen Studienversager ausgehalten hat!«

Folglich durften unfähigen jungen Männern auch die Regierungsgeschäfte der Stadt nicht anvertraut werden.

Nein, es war nicht seine politische Umtriebigkeit, die Paolo Ciulla an der Ausstellung neuer Werke gehindert hatte; er besaß derer viele, eifersüchtig gehütet in einer Kammer seines kleinen Hauses, die er auszustellen keinerlei Absicht hatte: Gemälde und Grafiken aus seiner Zeit an der Akademie — schulmäßiges, seelenloses Zeug, hatte er zu Turi gesagt und sie beiseite geräumt — sowie Gemälde, die er nach dem Tod der Eltern, als er sich unverhofft gut situiert in dem stillen, leise knarzenden Palazzo wiederfand, mit freiem Geist und Pinselschwung geschaffen hatte.

Frei war er dennoch nicht. Abends beim Einschlafen besetzten die Gesichter der Eltern, klar konturiert und hellwach, den Grund seiner Gedanken.

Vor allem das Gesicht des Vaters: vorwurfsvoll, flehentlich, von Sorgen gequält.

Vor dem Röcheln des Sterbenden, das durch die Wände des Elternhauses drang, war Paolo geflohen und ziellos durch die Straßen geirrt: Doch dieses Röcheln erreichte ihn unaufhaltsam, wo auch immer er war. Nach Hause zurückgekehrt, hatte er am Bett sitzend die schlaffe Hand des Sterbenden gehalten, während ihm verdrängte Klümpchen des Erlebten ins Bewusstsein zurückflossen: die verstohlene Geste, mit der ihm der Vater Geld zusteckte, als er zum Studium aufbrach; der zuverlässige Druck seiner Hand, als er ihn in die Schule zurückbrachte, aus der er — eingeschüchtert von der aufgeblasenen Miene der Lehrer und ohne Turi, den die Eltern auf dem Gymnasium angemeldet hatten — schon nach ein paar Tagen weggelaufen war. Doch mehr als alles andere peinigte ihn der anrührende, feierliche Ernst, mit dem der Vater ihm am Tag seines achtzehnten Geburtstags die goldene Taschenuhr überreichte, von der er sich niemals hatte trennen wollen. Und die Paolo dann in Rom, in einem Moment der Not, gedankenlos zu Geld gemacht hatte. Jede Nacht kehrte das Gesicht des Vaters zurück, quälte ihn in seiner Ohnmacht der verspäteten Reue: eine unterlassene Geste, ein ungesagtes Wort und die Abwesenheit, die unüberwindliche Distanz zu dem, was Leben gewesen und nun nichts mehr war.

Schließlich begriff er: Der Vater drängte ihn, durch seine Kunst als sichtbare Form, als gemaltes Zeichen zurückkehren zu dürfen. Das Portrait des Vaters war das erste eines Zyklus, das er in rasender Eile und ohne Modell malte, das Ergebnis einzig mit den in sein Gedächtnis eingegrabenen Bildern abgleichend und nachbessernd, wohin er mit Pinselstrichen und Farben vordrang, um die Formen des einst Gewesenen und ihre Bedeutung in völliger Klarheit der Einzelheiten und Empfindungen auf die Leinwand hinüberzuretten.

Bei einem Portrait wählte er als Hintergrund das Meer, im Gegensatz zu den anderen, die alle aus einer Schwärze hervortraten: Es war das Bildnis eines jungen Fischers mit nacktem Oberkörper, bis zum Knie aufgerollten Hosen, Matrosenmütze auf dem Kopf.

Kurz nach seinem Umzug nach Neapel war er ihm begegnet, an einem lichterfüllten Morgen ohne Zwischentöne, in den sich die wirren Umrisse der Stadt und sein Unbehagen einbrannten, das selbst der emsige Briefwechsel mit dem in Rom verbliebenen Santi und ihre gelegentlichen Treffen nicht zu dämpfen vermochten. Nachmittage lang lief er benommen und ziellos durch die von lauten Rufen erfüllten Gassen und oft führten ihn seine Schritte auch zum Hafen hinunter, wo er stundenlang den heimkehrenden Fischerkähnen zusah, den Postschiffen, die zu den Inseln ablegten, den Dampfern, die unter verwehten Rufen und flatternden Taschentüchern in Richtung Neue Welt in See stachen.

Eines Sonntagmorgens hatte er auf einem dieser Spaziergänge Prospero entdeckt, der zusammen mit anderen Männern einen Lastkahn vertäute. Auf einem Blatt aus seiner Zeichenmappe, die er immer bei sich trug, begann er mit einer Skizze, in der Absicht, sie ein paar Tage später seinem Lehrer für Landschaftszeichnen zu zeigen. Doch da näherte sich ihm mit drohendem Gebaren der junge Mann mit der Matrosenmütze und entriss ihm die Mappe. »Soll ich das etwa sein?«, sagte er feixend und deutete auf die ihm unverständliche Zeichnung.

Aus dem Wortgefecht zwischen den beiden wurde rasch eine freundschaftliche Plauderei, ein näheres Kennenlernen; auch Prospero liebte die Freiheit, und da ihm zwischen Stangenbroten und Brotlaiben — die Seinen waren Bäcker — die Luft zum Atmen fehlte, hatte er beschlossen, sich auf Lastkähnen, Fischkuttern, wo immer es Arbeit gab, anheuern zu lassen. Sein Traum aber blieb ein großer Frachter mit Ziel Amerika.

Sie verabredeten sich für den folgenden Abend in der Bäckerei der Familie, wo Prospero in seinen Zeiten an Land den Eltern zur Hand ging. Paolo traf ihn an, als er gerade die erste Ladung für den Ofen knetete: Die zuckenden Muskeln der gebräunten Arme arbeiteten kraftvoll, die Fäuste versanken wieder und wieder in der zähen weißen Teigmasse.

Mit ihm und seinen Freunden ging Paolo fortan öfter aus; bis spät in die Nacht zogen sie von einer Osteria zur nächsten, Kameraden, die sich auf die Schultern klopften, einander zuprosteten, Gesänge grölten, was oft Geschimpfe und Gefluche aufgeschreckter Schläfer zur Folge hatte.

Eines Abends verkündete ihm Prospero strahlend, dass er sich bald auf einem Frachter nach Brasilien einschiffen würde, und forderte ihn auf, noch am selben Abend mit ihm das Schiff zu besichtigen. »Der Schiffseigner hat mir den Zuschlag gegeben«, sagte er; es war genau derselbe, bei dem Prospero am Tag ihrer ersten Begegnung am Hafen angefragt und nur ein knappes Nein zur Antwort bekommen hatte.

Kurzsichtig und ungelenk in den Bewegungen trat Paolo beim Besteigen des Schiffs plötzlich ins Leere, flugs war Prospero zur Stelle, um ihn aufzufangen. Ihre Blicke trafen sich, lösten sich wieder, um sich dann bewusst ineinander zu versenken. »Mach schnell!«, sagte Prospero und umarmte ihn voller Erregung. Und während sie die schmale Treppe in den Laderaum hinunterstiegen, spürte Paolo, wie der Druck in seinem Unterleib zu einer nicht mehr bezähmbaren Erektion wurde. Inmitten von Netzen, Haken und Fischgestank erfuhr Paolo zum ersten Mal die ungebremste Hingabe an einen anderen Körper; ein Biss, erwidert mit einem anderen Biss, Liebkosung, Zunge, Kuss, kein fremder, kein Frauenkörper, wie er ihn in den Freudenhäusern Neapels vergebens zu bezwingen versucht hatte.

Jede Nacht kehrten sie zurück auf das Schiff, und jede Nacht aufs Neue das gleiche erregende Ritual: Stolpern, Blicke, Umarmung. Manchmal blieben sie zusammen, bis die Stadt in der wässrigen Trägheit des Morgengrauens erwachte, und die ersten Sonnenstrahlen dann unerbittlich die Trennung vom Geliebten bedeuteten. Paolo ging vom Hafen direkt zur Akademie, während neue Kanten, neue Schatten, neue Farbschwingungen die Welt in einem unbekannten Licht erstrahlen ließen.

In Caltagirone hatte er mit keinem darüber gesprochen, nicht einmal mit Turi. Aber aus seinen letzten Arbeiten sprühte lebendig und deutlich abzulesen seine ganze Sinneserregung, die Unruhe seines Geistes. Seine andersgeartete Liebe wurde offengelegt von der durchdringenden Kraft leuchtender Farben, von der unauslöschlichen Sprache der Zeichen.

Das war der Grund für seine Entscheidung, seine Malereien im Dunkel der Kammer zu belassen, obwohl Turi gänzlich anderer Ansicht war. Für ihn handelte es sich um Bilder von unvergleichlicher Schönheit. Doch Paolo ließ sich nicht beirren. Er befürchtete nämlich, dass der Betrachter in seinen Bildern das entdecken könnte, was er wiederum in den Werken der anderen zu erkennen vermochte; indem er versuchte, die geistige Anstrengung des Künstlers nachzuvollziehen, an deren Ende das Werk zutage getreten war, zwang er es, sich preiszugeben. Das Bedürfnis, den schöpferischen Prozess — die Albträume, die Gefühle, die Utopien — seiner Vorbilder selbst zu durchlaufen, hatte ihn während seines Studiums dazu gebracht, wie ein Irrer die Pinselführung und Farbgebung bei Raffael, Leonardo, Tizian zu kopieren, und so auch die Volumina, die in den Körpern des hochverehrten Mantegna auf geheimnisvolle Weise implodierten.

Turi war nach der heftigen Zeitungskritik an seinem Freund nicht davon abzubringen, die Bilder für die folgende Ausstellung eigenhändig auszuwählen, da es sich, wie er sagte, nicht um eine Privatangelegenheit, sondern um ein Politikum handelte, das die Wahl gefährden könnte.

In der Besprechung dieser Ausstellung wird ein strenger und gefürchteter Kritiker die neuen Arbeiten des jungen Ciulla, insbesondere den *Neapolitanischen Matrosen*, voller Begeisterung zu Meisterwerken »eines Malers mit einer gesicherten Zukunft, ein Beitrag zur kommenden Glorie von Caltagirone und ganz Italiens« erklären.

Auch das Blatt *La Falce* sah sich gezwungen, sein vorheriges Urteil zurechtzurücken: »Der junge Maler des Arbeiterzirkels«, las Turi voller Befriedigung, »hat hier seine lebhafte künstlerische Intelligenz unter Beweis gestellt. Er hat sein Studium gewissenhaft abgeschlossen und Werke hervorgebracht, die uns eine Vorstellung von seiner Meisterschaft geben«.

Vier

Am 3. November geschah das schier Undenkbare. Die Partei des Arbeiterzirkels gewann die Kommunalwahl, und das nicht nur in Caltagirone, sondern auch in Catania und in vielen anderen sizilianischen Gemeinden.

Auf diese Nachricht hin strömte eine große Menschenmenge auf die Piazza. Die neu gewählten Ratsherren auf den Schultern, zogen die Massen jubelnd durch die Via San Giorgio bis zur baumbestandenen weiten und vom Wind heimgesuchten Freifläche am Ende der Straße. Vor den vergitterten Balkonen des Hauses, in dem der Abgeordnete Giorgio Arcoleo — mächtiger Schutzherr der konservativen Partei — geboren war und bei seiner häufigen Rückkehr vom Festland lebte, wurde unter viel »Nieder mit« und »Hoch lebe!« samt in die Luft geschleuderten Kappen, Salutschüssen und hitzigen Reden eine Kundgebung in Szene gesetzt.

Einige Stunden später zogen die Menschen fröhlich zu der Flaniermeile hinter der Basilika San Giorgio ab, einer eleganten Straße mit Laternen, Bäumen, Sitzbänken und Cafés, ein Treffpunkt der Honoratioren und angesehenen Bürger vor der Kulisse gefurchter Felsen und antiker Nekropolen, am Horizont bedrohlich der Ätna.

An diesem frösteligen Novemberabend schien für all die jubelnden Menschen das Ende einer vom Adelsstand und seinen Privilegien bestimmten Epoche gesichert und beschlossen zu sein: Die Lebensenergie und der Gerechtigkeitssinn dieses historischen Moments erfüllten die Straßen, die Häuser, das Land ringsum.

Aber alles kann umschwenken, alles kann zurückfallen in Barbarei.

Verunstaltet von einem Freudenhaus wird nicht einmal diese elegante Straße ein langes Leben haben. Wenige Jahrzehnte später schon waren hier sowohl Spaziergänge als auch Kinderspiele streng untersagt. Die Kinder der Gegend freilich spähten, Generation um Generation, munter und allen Verboten zum Trotz, bis zur Schließung des Hauses in der Mitte des 20. Jahrhunderts durch die heruntergelassenen grünen Jalousien, hinter denen, das ahnten sie, zwielichtige Dinge geschahen.

(Notiz)

Verwaltungsklagen, Boykotte, Bestechungsversuche des Bürgermeisters und der Ratsherren sowie Druck auf Rom, um den Gemeinderat aufzulösen: All diese Mittel führten die entsetzten und ungläubigen Honcratioren ins Feld.

Die Stadträte der Mehrheitspartei entstammten in der Tat mit Ausnahme von vier Abgeordneten allesamt dem Stand der Handwerker, Arbeiter und Kleinbürger; die kampferprobte Vorhut der Menschenmassen, die sich am Abend des 17. November in den Korridoren und Räumen des Rathauses drängten und Mario Milazzos Wahl zum Bürgermeister bejubelten, während tosender Beifall den Reden seines Mitstreiters und Sprechers, des ehrenwerten Ratsherrn Paolo Ciulla, Nachdruck verlieh.

Entschlossen zum Krieg gegen den Klerus und die Landbesitzer, beharrte Paolo schon von der ersten Sitzung an auf der Notwendigkeit einer Untersuchungskommission, die die Grenzverläufe des kommunalen Landbesitzes überprüfen sollte. Die Kommission wurde einberufen, und Paolo Ciulla in ihren Reihen zum unnachgiebigen Inquisitor: Mit Vor- und Nachnamen benannte er jeden Einzelnen aus der *cummacca*[12], der Clique der Großgrundbesitzer und korrupten ehemaligen Stadträte, die diese Grenzen zu ihren Gunsten verschoben und sich das Land unter den Nagel gerissen hatten.

Paolo wurde in die wichtigsten Abordnungen gewählt und zum populären Hauptakteur im Gemeinderat; er war zuständig für Redebeiträge, Anfragen und wirkungsvolle Maßnahmen zur Umsetzung der Wahlversprechen: die Aufteilung der Ländereien an die Bauern, die Senkung der Gemeindesteuern, die selbst auf dem Brot lasteten und die Armen hart trafen. Aber er verantwortete auch die Wahrung der Kunst und des historischen Gedächtnisses der Stadt. So sammelte er Unterschriften und hielt im Gemeinderat und andernorts flammende Reden, um eine Straße zu verhindern, die durch einen wundervollen Park führen und diesen als Bauland erschließen sollte: Er rettete den Park vor der Zerstörung, indem er als Alternative eine von den historischen Vierteln gänzlich separierte Fläche auswies, wo knapp ein Jahrhundert später das neue Caltagirone entstehen wird.

Von solchem Feuereifer zeugen die Chroniken des *Rathausbulletins*, die auf Kosten der Gemeinde gedruckt und an Vereine und Bürger der Stadt verteilt wurden; darin waren getreulich die Anordnungen des Tages sowie die Debatten und Beschlüsse der Stadtregierung und des Gemeinderats abgedruckt: ein aufgeklärter Brauch, der mit der Einheit Italiens begann und zusammen mit der Arbeiterverwaltung im Februar 1890 sein Ende finden wird.

Tatsächlich währte die Revolution der Stadtverwaltung kaum hundert Tage.

Unter dem Vorwand von Unregelmäßigkeiten bei der Wahl wurde der Gemeinderat während einer kurzzeitigen Krise der Regierung Crispi aufgelöst und das Rathaus unter kommissarische Verwaltung gestellt, genau wie in allen anderen sizilianischen Städten, in denen Radikale oder Arbeiterparteien die Wahlen gewonnen hatten; in Caltagirone aber war der nicht vorhersehbare Gesinnungswechsel des Bürgermeisters dafür ausschlaggebend, denn der trat zurück und dockte bei der von Libertini geführten Honoratiorenpartei an.

Beleidigungen, Drohungen, Klageerhebungen zwischen dem wuttobenden Vorsitzenden des Arbeiterzirkels und Mario Milazzo; der sich allerdings am Vorabend der Parlamentswahlen 1892 mit dem Baron Pietro Aprile und der Arbeiterpartei auf seine Kandidatur pro Crispi im Wahlkreis Caltagirone einigen sollte, woraufhin der Zirkel einen Großteil seiner Mitglieder verlor.

Wieder hagelte es Beleidigungen, Drohungen und Klageerhebungen, diesmal unter denen, die noch wenige Monate zuvor Freunde waren; eine Fehde, die mit einem Säbelduell zwischen Libertini und Milazzo ein Ende fand: sieben unblutige Angriffe, und anschließend gingen alle — Duellanten, Sekundanten, Ärzte und ein paar weitere Gestalten — vereint zum Mittagessen ins Hotel Orientale, um auf die wiedergefundene Einigkeit der beiden Parteien anzustoßen.

Aufgrund des gewählten Reglements — Angriffe, Waffen und Verletzungen sind genauestens im Duellcode festgelegt — hätte sich der Zweikampf auch in eine legalisierte tödliche Abrechnung verwandeln können. Genau wie der zwischen Felice Cavalotti — sozialistischer Abgeordneter und Dichter — und dem reaktionären Direktor der *Gazzetta di Venezia*, Ferruccio Macola, mit dem das 19. Jahrhundert nicht gerade galant seinem Ende entgegengehen wird: An der Kehle verletzt, wie es schien infolge einer groben Missachtung der Duellregeln, sollte der *Letzte der Romantiker* — wie Cavalotti vom Dichterkollegen Giosuè Carducci in der Gedenkrede im Parlament bezeichnet wurde — beim ersten Angriff den Tod finden.

Nach dem Bruch mit der Familie Aprile senkte sich der Schleier völliger Unsichtbarkeit über Paolo Ciulla; keine Zeitung nahm mehr Notiz von seiner Anwesenheit in der Stadt, wo er in Wirklichkeit sehr wohl sichtbar war: Mit vollem Engagement widmete er sich der Organisation der *Fasci siciliani*, die im Februar 1893 für Brot und gegen die Verteuerung der Lebenshaltungskosten auf die Straße gingen; eine eher moderate Revolte, verglichen mit den tobenden Aufständen, denen Crispi, der Regierungschef, im Dezember nur mit Kanonenschüssen wird beikommen können. Nach einem Tag auf den Barrikaden gingen die Demonstranten mit Versprechungen und klaren Zusagen von Seiten der Stadtverwaltung wieder nach Hause.

Doch am folgenden Tag befand sich die Stadt im Belagerungszustand und die Aufständischen waren hinter Gittern.

Paolo war nicht unter den Demonstranten, er war einige Tage zuvor nach Grammichele abgereist, wo sich seine Schwester nach ihrer Heirat niedergelassen hatte; hier entzog er sich der Welt, den Blick unverwandt auf das fiebernde Gesichtchen Rosettas gerichtet, die bereits im Sterben lag, als sie zum ersten Mal Leben schenkte.

Schmerz, der sich bei der Rückkehr mit anderem Schmerz mischte.

Kaum war Paolo aus dem Zug gestiegen, war er auch schon von Soldaten in Kriegsmontur eingekreist, die ihn nach Feststellung seiner Personalien ins Polizeipräsidium brachten. Einen ganzen Tag lang wurde er ergebnislos zu den Verstecken von Demonstranten befragt, die vor der Verhaftung geflohen und nicht aufzuspüren waren. Am Abend war er wieder frei, dazu verdammt, sich in seinem Atelier schlaflos im Bett zu wälzen, ein Glas Anisschnaps nach dem anderen zu trinken, bis zur Betäubung. Cola, den man zusammen mit den anderen Verhafteten ins Gefängnis nach Catania überführt hatte, war nicht erreichbar: »Aus Gründen der nationalen Sicherheit weder Besuche noch Briefe«, war die Antwort auf sein unbedachtes Beharren auf einen Besuch; im Mai folgten vor dem Schwurgericht von Catania härteste Strafen für alle. Fünf Jahre für Cola.

Schon seit längerem wurde hinter vorgehaltener Hand über ihre Freundschaft gemunkelt. Geraune, Andeutungen, die zu entrüsteten Stimmen anschwollen nach Colas mysteriösem Tod im Gefängnis und Paolos heftigen Reaktionen ein paar Tage später auf einer Versammlung sizilianischer Großgrundbesitzer im Opernhaus der Stadt; Honoratioren und Landbesitzer von Caltagirone — Anhänger von Crispi und Di Rudinì — waren einstimmig dafür, den Appell an Seine Exzellenz zu unterzeichnen: darin der Beifall für die Unterdrückung und Auflösung der *Fasci*[13] mitsamt der Empfehlung, die sozialen Unruhen an der Wurzel auszurotten, »Abschaffung der Grundschule, damit Bauernvolk und Bergarbeiter nicht durch Lektüre von neuen Ideen angesteckt werden«. Mit diesen Worten beendete Baron Lopez gerade die Verlesung des Dokuments, als Paolo, der am frühen Morgen durch eine noch unbewachte Seitentür in den Saal gelangt war, auf einmal aus den Kulissen auftauchte und Beleidigungen und Flüche gegen *Seine Exzellenz, den Mörder* schleuderte.

Die Versammlung wurde für ein paar Stunden ausgesetzt; Paolo festgenommen. Nach einer Woche in Haft lief er schon wieder, ein von Schuldgefühlen geplagter Übriggebliebener, wankend durch die Straßen. »Bedanken Sie sich bei Ihren hochgestellten Freunden«, mit diesem ironischen Gruß hatte man ihn entlassen.

Eines Abends, er erbrach sich gerade vornüber gebeugt mitten unter den Arkaden, gewahrte er auf einmal Turi neben sich; der half ihm auf und begleitete ihn ins Atelier. »Tut mir sehr leid wegen Cola. Bis morgen, Paolo«, sagte Turi im Weggehen, als hätte es die zwei Jahre gekränkten Schweigens zwischen ihnen nie gegeben.

Doch in dieser Stadt gab es für Paolo keine Zukunft mehr. Als die Honoratioren im Jahr darauf wieder fest im Sattel saßen, gelang es ihnen, seine Anstellung als Zeichenlehrer an der Königlichen Fachschule zu verhindern; die Stelle stand ihm von Rechts wegen zu: Kein anderer Mitbewerber hatte die akademischen Titel vorzuweisen, wie Paolo Ciulla sie besaß. Seine Unterlagen aber verschwanden, und so verlor er nicht nur den Arbeitsplatz, sondern auf immer auch jede Möglichkeit, künftig unterrichten zu können. Der Rektor der Schule, Gaetano Arcoleo, Bruder des Abgeordneten Giorgio, behauptete, er habe die Unterlagen nie erhalten, und drohte

Paolo verhaften zu lassen, falls er mit seinen Verleumdungen fortfahre. Mit Turis Unterstützung erhob Paolo offiziell Anklage, doch vergebens war seine Forderung nach Gerechtigkeit und seinen Dokumenten.

Eines Morgens fand er einen anonymen Zettel unter der Haustür: »Schwuchtel«, stand darauf, mehr nicht.

Drei Tage lang schloss er sich in seinem Atelier ein: um ihn herum nichts als Schutt, Trümmer, wirre Fragmente; darunter — schlummernd zwar, aber noch immer spürbar — der Aufruhr des Schöpferischen, das dringende Bedürfnis, sich mitzuteilen.

Dort, wo etwas zu schaffen und sich mitzuteilen überhaupt noch möglich war.

In aller Eile verkaufte er unter Preis ein weiteres Stück Land des väterlichen Erbes und zog mit seinen Habseligkeiten nach Catania um: die Stadt des Förderers der *Fasci*, und die Stadt Santis, seines Freundes von der Akademie, der inzwischen ein anerkannter Stuckateur und Gemälderestaurator war.

Als Turi ihn zum ersten Mal besuchte, war er überrascht von der einnehmenden Eleganz der geometrisch strengen und zugleich blumig-verspielten Gestaltung des Ladenschilds, die gar nichts mit der Wucht von Paolos Malstil — Skalpelle, Schrammen, Schlachtfelder — gemein hatte.

»Und das da, was ist das?«, fragte Turi und deutete auf die Rückseite einer gedruckten Karte, auf der in zarten Strichen der gezeichnete Entwurf des Ladenschildes zu sehen war: das Profil einer Frau zwischen Blättern und lila Blütenständen, Bänder im üppigen Haar, mit einem länglichen Trinkkelch in der Hand; eingerahmt von der Schrift: *Fotografien im Jugendstil von Paolo Ciulla*. »Die neue Kunst, nach Wiener Art. Kinkerlitzchen. Nur, um die Kunden anzulocken«, entgegnete Paolo und zeigte ihm die verschlungenen dekorativen Linien der Zeichnungen in einer Kunstzeitschrift, die er sich aus Mailand kommen ließ. Bei jedem ihrer Treffen stritten sie, erregten sich, erinnerten sich: Turi, der gespalten zwischen Familie und Sozialismus war; Paolo mit seinen neuen politischen Kämpfen in Catania, wo die überragende Figur De Felice Giuffridas alle mitriss; wegen der *Fasci* zu zwanzig Jahren Haft verurteilt, doch nach einigen Jahren begnadigt, war er mit Glanz und Gloria erneut als Abgeordneter ins Parlament eingezogen und zum Bürgermeister seiner Stadt gewählt worden; genauso stark, wenngleich in der Minderheit, war aber auch die Opposition der Jugend, die in der Zeitschrift *Il riscatto* — zu der Paolo Artikel und Karikaturen beisteuerte — De Felice Giuffrida heftig angriff.

Wieder einmal war es Anna Kuliscioff gewesen, die Paolo die Augen geöffnet hatte, wie er Turi bei einem ihrer Treffen erzählte. Gleich nach ihrer Entlassung aus einjähriger Haft, die sie wegen der Ereignisse in Mailand zu verbüßen hatte, war sie, stark abgemagert, zu einer Propagandareise nach Sizilien aufgebrochen. Und so hatten sie sich wiedergesehen. Sie hatte ihn vor dem demagogischen und für Catania so typischen Sozialismus des *Vizekönigs*, wie sie den Bürgermeister Giuseppe De Felice Giuffrida bezeichnete, gewarnt. Die jungen Leute rief sie zu unermüdlichem ideologischem Widerstand auf, und der sollte dann auch stark anschwellen, bis zur scharfen Abrechnung im Jahr 1906.

ZWEITER TEIL

Roman, das bedeutet nicht Lüge.
Das Leben ist oft trügerischer als ein Roman.

P. Ciulla, Anhörung vom 23.10.1923

Fünf

»Succiu, scavàgghiu, zazzamita«[14], schleudert Paolo zischelnd seinem Spiegelbild entgegen, während eine dumpfe Mitternacht seine Gedanken überschwemmt und alles unkenntlich macht. Draußen Helligkeit von vorüberratternden Straßenbahnen; Geschrei vom Fischmarkt. Staubfeines Licht dringt durch die Ritzen des Fensterladens, lässt die Augen einer Verstorbenen lebendig werden, die ihm forschend durch den Raum folgen. Er sollte ein Portrait in Öl nach diesem Foto anfertigen, aber ihre Anmaßung selbst als Tote stößt ihn ab. Alles stößt ihn ab, seit Monaten. Er versetzt dem Fensterladen einen Faustschlag: Doch der Lichtspalt erlischt nicht.

Wieder blickt er in den Spiegel: Die Verletzung auf der rechten Wange ist gänzlich vernarbt. Aber wieder beginnt das Blut zu wallen, wieder bedrängen ihn Masis aufreizende Blicke: »Komm mit zur Klippe. Lass uns zu den Felsen gehen.« Lange waren sie inmitten der Lavafelder unterwegs hinauf zu einer Grotte steil über dem Meer: immer enger aneinandergedrückt, sich immer inniger umarmend, während die Lust auf Masis Mund um sein Geschlecht wuchs.

Er bemerkte weder den Halbmond über der Silhouette Catanias mit ihren Kuppeln noch den glänzenden Streifen auf dem Meer, auch nicht die drei Männer im Rücken, die ihnen auf einmal den Weg versperrten. Dann der Schrei: »Hände weg von meinem Neffen!« Darauf ein Messerstich ins Gesicht. Einen Monat lang war er wie von Sinnen, wusste gar nichts mehr: Masi war aus dem Barbierladen, in dem er arbeitete, verschwunden; und auch der Verwandte mit dem Messer aus dem Circolo Unione. Als die Wunde sich dann langsam schloss und die Angst vor dem Skandal abebbte, kam die Anzeige bei Gericht: »Verführung und Bestechung von Minderjährigen«. Sie trug die Unterschrift von Masis Vater, den er nie kennengelernt hatte.

Eine Falle, die Verabredung mit Masi an jenem Abend — die Männer wussten genau, wo die beiden zu finden waren.

Auf hitzigen Zusammenkünften und im *Riscatto* hatte die linksgerichtete Jugend, Paolo an vorderster Front, den Schutzwall um De Felice Giuffrida, den jene Männer gemeinsam mit anderen üblen Gesellen bildeten, stets heftig kritisiert. Vergebens hatte Paolo vor Gericht die politische Ausrichtung des Prozesses angeprangert: Er berichtete von den fortwährenden Einschüchterungsversuchen seitens dieser Burschen — zu denen die Zeugen der Anklage gehörten — bis hin zu jenem inszenierten Zusammentreffen, das ihn politisch zum Schweigen bringen sollte. Zu achtzehn Monaten verurteilt, jedoch begnadigt, war er rasch wieder auf freiem Fuß und fand nichts als Leere um sich herum; gemieden vom eigenen Bruder, der nach seinem Ausscheiden aus der Kavallerie zu Beginn des Jahrhunderts mit seiner Ehefrau nach Catania gezogen war; im Stich gelassen von Santi, der vor Gericht zu seinen Gunsten hätte aussagen sollen, aber am Vorabend des

Prozesses verschwand, um in Malta eine Stellung als Restaurator anzunehmen, die er bis dato über Monate immer wieder abgelehnt hatte.

In den ersten Monaten nach seinem Umzug nach Catania hatte sein früherer Kommilitone ihn mitgenommen, damit er ihm beim Auffrischen der Fresken in Kirchen und Palazzi zur Hand ginge, freilich ohne dass die Gattin davon wusste, die Paolo gegenüber von Anfang an Geringschätzung und Eifersucht bekundet hatte. Geld und Ehrbarkeit, das forderte sie von Santi, und Geld und Ehrbarkeit gab er ihr und setzte dafür bei Adligen und Priestern mit Schmeicheleien und Lamentieren alle Hebel in Bewegung, um sich Aufträge zu sichern. Santi war der herrischen Ehefrau mehr und mehr hörig, und so hatte er Paolo, um ihn loszuwerden, Don Stefano vorgestellt. In dessen Werkstatt arbeitete er dann auch einige Jahre lang, fertigte geduldig, unter der Aufsicht der Tochter, einer üppigen Brünetten, Gravüren an. Sie reizte ihn immerzu mit schmachtenden Blicken, Witzen und ironischen Bemerkungen. Er reagierte mit noch vielsagenderen Blicken, gewagteren Witzen, bissigerer Ironie; all das unter dem wohlwollenden Auge des Vaters, der in Paolos außerordentlicher Geschicklichkeit als Graveur für sich eine Aussicht auf leicht verdienten Wohlstand sah.

Der erste Versuch, Geld zu fälschen, beruhte auf einer Art Wette Paolos mit sich selbst — Geduld, Perfektion, Konzentration. Aber es war auch eine Offenbarung. In Erwartung der Revolution, die so nah auch wieder nicht schien, konnte er dem Staat auf seine Weise den Krieg erklären, indem er mit seiner Kunstfertigkeit und seinem Talent das Monopol der

Lira brach: Unkontrolliert vervielfältigt, konnten aus den Geldscheinen Nahrung, Kleidung und kostenlos verteilte Medikamente werden. Die Fälschung der fünfundzwanzig Lire war bald aufgedeckt — aber ohne dass man auf ihn und Don Stefanos Werkstatt gekommen wäre. Das Misslingen war nicht dem mangelnden Geschick des Künstlers geschuldet, sondern Don Stefanos Geiz und der minderen Qualität seiner Gerätschaften. Auch die Verlobung währte nicht lange; in einem intimen Moment zwischen Pressen und Walzen offenbarte Caterina einen sexuellen Heißhunger, der ihn erschreckte: ein lüsterner Spalt, darauf aus ihn zu verschlingen. Bestürzt war er zurückgewichen. Die junge Frau hatte ihn von da an nicht mehr beachtet, ja sie behauptete gar vor dem Vater, Paolo habe es ihr gegenüber an Respekt fehlen lassen. Don Stefano hatte ihn fortgejagt und ihm gedroht, er solle sich ja von der Werkstatt und der Tochter fernhalten.

Paolo war ganz zu seiner Arbeit als Fotograf zurückgekehrt, zu den Zeitungsartikeln und immer bissigeren Karikaturen, um die Klüngelei, die Kompromisse, die ideologischen Abweichungen des Bürgermeisters De Felice Giuffrida zu geißeln. Und er war zurückgekehrt zum käuflichen Sex mit sehr jungen Knaben: Blinde Begierde — stärker als Malerei und Politik — lebte jedes Mal unersättlich wieder auf.

Diese Begierde ein für alle Mal auslöschen. Verschwinden.

Plötzlich bricht Lärm los. Der König zieht durch die Straßen. Getrampel von Füßen. Scharren von Pferdehufen. Fanfaren und Schreie. »Es lebe Vittorio Emanuele!«, »Es lebe Sant'Agata!«, »Es lebe De Felice, unser Vater!« skandiert die Menge laut.

Auf dem Bett liegend, betrachtet Paolo mit heiterem Sinn die tänzelnden Staubpartikel im Licht. Da erinnert er sich wieder! Der König besucht das Amphitheater! Bis zum vorigen Jahr hatte es über die Jahrtausende verborgen in Dunkelheit und Stille unter der Piazza Stesicoro gelegen; und während all dieser Zeit waren Scharen von Fußgängern darüber gegangen. Vergängliche Körper, auf die keine Auferstehung wartete. In der weißen Stille seiner Gedanken ab und zu ein dumpfer schwarzer Ton: Das halbe Röhrchen Veronal, das er mit einem Glas Anisschnaps hinunterschluckt, ist für den langen Schlaf, zu dem er sich ohne Bedauern und ohne Reue auf den Weg macht, nicht genug. Wochen, Jahrhunderte, vielleicht Jahrtausende zwischen Schlafen und Wachen.

Er sinkt hinab, treibt nach oben, sinkt wieder hinab, von der Macht der enger werdenden Kreise im Brunnen gepackt, über den er sich als Kind beugte und dann atemlos auf die Felder floh. Auf der Flucht vor dem finsteren Geist, der ihn hinabziehen wollte in die Tiefe.

Wieder treibt er nach oben: Das ferne Stimmengewirr außerhalb seines Körpers wird zu einem immer rascheren Hämmern an der Tür; zu einer Stimme, die durch die dichte Hülle seiner Sinne dringt, in den Halbschlaf seiner Gedanken; die Stimme gelangt an sein Ohr. »Ich bin's, Masi! Mach mir auf!«

Mit einem Schlag war Paolo hellwach. »Was führt ihn wohl hierher?«, dachte er bestürzt, wieder klarer im Kopf. Stocksteif, wie aus Holz, rollte er aus dem Bett auf den Fußboden und tastete sich, auf die Möbel gestützt, bis zur Tür. Öffnete sie. Und fiel, wie tot, vor Masis entsetzten Augen zu Boden.

Einen Monat später saßen Paolo und Masi im überfüllten Zug nach Rom und folgten von ihren Fensterplätzen aus dem vorüberziehenden Blau des Meeres von Neapel. In Rom dann der Zug nach Paris. Eine Reise, von der er mit Santi geträumt hatte, auch mit Turi, eine Reise zur Weltausstellung anlässlich des hundertsten Jahrestags der Revolution. Aber Paris war ein abstrakter Wunsch nach Kunst und Freiheit geblieben, der ihn ein Jahr zuvor mit dem Jubel über die nun anerkannte Unschuld von Dreyfus immer drängender ergriffen hatte: die Trinkgläser immer wieder gefüllt und die Marseillaise bis zum Morgengrauen mit den Kameraden auf den Straßen von Catania geschmettert; das heftige Verlangen, in Frankreich zu sein.

Dann, während er den dösenden Masi betrachtete, der sich mit hängendem Kopf gegen die Rückenlehne schmiegte, dachte er an die schlummernden Leben, verborgen in jedem Bewusstsein, die die Menschen an ihren Arbeitsplätzen, auf den Straßen und Cafés mit sich herumtragen; eine bloße Geste, eine kleine Veränderung der Alltagsgewohnheiten würden genügen, um sie aufzuwecken und von dem Leben, das sie leben, wegzuführen, hin zu dem anderen, dem erträumten. Stattdessen harren sie aus, aus Feigheit, ohne Ziel und niedergeschlagen, in dem Schicksal genannten Leben: das manchmal scheitert, wie das seine gescheitert war. Bis Masi unerwartet an seine Tür gehämmert hatte.

Er erinnerte sich weder an das Hämmern noch an die beschwerliche Kutschfahrt zum Hospital durch die Straßen, wo sich die Bürger aus der Stadt und der Provinz drängten, um den König zu sehen.

Nach fünf Tagen war er aus dem Koma erwacht und fühlte sich wie neugeboren, und es gelang ihm, die abgerissenen Verbindungen zu seiner Kunst, die er in den zehn Jahren in Catania aus dem Blick verloren hatte, wieder aufzunehmen; das bedeutete, Grenzen zu überschreiten, nach anderen Formen zu suchen, mit verschiedenen Malstilen zu experimentieren, um an das Reale heranzureichen, das er mithilfe der Fotografie jahrelang zu dechiffrieren versucht hatte: Einzelheit um Einzelheit eines geformten Äußeren, aber der strahlende oder auch mit Sorgenfalten überzogene Kern des Daseins blieb nach wie vor unerreichbar. Manchmal, nach dem Orgasmus — um die Momente der Erfüllung festzuhalten, die ohne Form und ohne Gedächtnis verloren wären — glitt er mit seinem Penis über den ganzen Körper des Jungen; ein erregendes erotisches Spiel für den Partner, für ihn aber ein Festhalten, Erinnern, Fixieren des Vergänglichen, auf immer eingeschrieben in der Dunkelkammer des Bewusstseins, über das er dann nach Belieben verfügen und es befragen konnte. Alles auf Anfang, mit vierzig. In Paris, gemeinsam mit Masi, der inzwischen einundzwanzig Jahre alt und ohne familiäre

Bindungen war; seine Familie war bei einem Brandanschlag — eine Vergeltungsaktion — ausgelöscht worden, während er es mit Freunden in der Osteria hoch hergehen ließ.

»Ich wollte das nicht, mit der Anzeige gegen dich habe ich nichts zu tun. Was hätte ich denn tun können? Hätte ich Nein sagen sollen zu meinem Vater und seinen Freunden?«, hatte der Junge zu ihm gesagt. Paolo dachte, er hätte sich widersetzen müssen, Nein sagen, aber sicher. Doch er schwieg.

»Ohne ihn wäre ich schon tot«, schloss er bei sich, voller Zärtlichkeit für den Jungen, der, nunmehr ohne Eltern und mittellos, sich ihm anvertraut hatte wie einem Vater, einem Liebhaber mit mehr Erfahrung. Einem Wissenden.

Sechs

Wäre Paolo Ciulla im Sommer 1907 statt nach Paris nach Dresden oder Berlin gegangen und hätte Zugang gefunden zu den Malern der *Brücke*, die dem Namen ihrer Gruppierung entsprechend nach einer neuen Verbindung zwischen Kunst und Leben suchten und die Malerei als Schlachtfeld, den Pinsel als Schwertspitze einsetzten; wäre das geschehen, dann hätte er in der Verzerrung einer entzauberten Gegenständlichkeit unmittelbar den expressiven Weg gefunden, nach dem er suchte, um die willkürlich angelegte Ordnung außer Kraft zu setzen: die lähmende Schönheit der Form, in der er zwangsläufig verfangen blieb.

Obwohl es ihm durchaus schon gelungen war, seine Malerei zu befreien, etwa nach dem Tod der Eltern bei den Portraits, die nun so fern waren wie seine zwanzig Jahre, spürte er, wie der schöne Schein im Einklang mit seinen Empfindungen wiederkehrte — in der Liebe, der Nostalgie und dem Erbarmen — und die Stacheln des Eros, das erlittene Unrecht, das Röcheln des sterbenden Vaters unter einem Schleier verbarg. Paris war nicht die romantische und libertäre Stadt seiner Phantasie. Kaum hatte er den Gare d'Orsay verlassen, umgab ihn schon das chaotische und gehetzte Treiben der Märkte, der Boulevards, der Kaufhäuser, in denen die Bettler und Clochards vorübergehend Schutz vor der Kälte fanden, um dann bei Geschäftsschluss wer weiß wohin zu verschwinden.

Es gelang ihnen, in einer Pension an der Place Saint-Michel ein Zimmer zu mieten, am linken Seineufer, doch nicht weit vom Louvre entfernt; während Masi auf der Suche nach einer Arbeit als Barbiergehilfe durch Paris streifte, erhielt Paolo — im Besitz eines Zertifikats über den Besuch der *Académie* — den Passierschein als Kopist im Louvre. Sobald er diesen Ausweis in Händen hatte, setzte er keinen Fuß mehr in die *Académie*, sondern zog durch die Galerien oder stieg auf den Montmartre zu der bunten Schar von Künstlern und halbseidenen Gestalten auf der Place du Tertre.[15]

Er beobachtete, analysierte, sog alles in sich auf, ohne jemals das Wort an jemanden zu richten; jetzt, in Paris, wie zuvor in Caltagirone immer in Abwehrhaltung. Eine Art Scham hinderte ihn daran, nach Anerkennung zu suchen: Er zog sich zurück wie eine Schnecke in ihr zerbrechliches Gehäuse. Er fragte sich, weshalb es auf der Bühne der Politik so einfach war, mit den Leuten zu kommunizieren, vermittels der Kunst aber so schwierig, sich selbst ins Spiel zu bringen und den Anderen zu erreichen.

Wie in seinen Studienjahren begann er, die Maler der italienischen Renaissance zu kopieren, ihre Formen zu ergründen, sie um Hilfe und Vergebung zu bitten — wenn er in jede Kopie eine schwer zu fassende Abweichung einfügte, die sie unmerklich verfälschte. Indes konnte er sie gut zu Geld machen.

Um den mitgebrachten Notgroschen nicht zu vergeuden, war er häufig mit Fleiß vor dem Louvre am Werk und verkaufte seine Kopien an Passanten und Besucher.

Herrenschuhe, Stiefel, Damenschühchen, ein nicht enden
wollendes Hin und Her. Da machte ein Paar dunkle Leder-
stiefelchen mit roten Schnürsenkeln und Spitzeneinsätzen,
über die der pelzbesetzte Saum eines violetten Paletots fiel,
vor dem Maler auf seinem niedrigen Hocker und der Staffelei Halt, und gleich darauf ein Paar elegante Herrenschuhe.
Sein Blick wanderte vom jeweiligen Schuhwerk hinauf zu der
einnehmenden, etwas gebeugten Gestalt des Mannes und zu
der jugendlichen, extravagant gekleideten der Frau; beide
beobachteten verwundert, wie er mit großer Behändigkeit
eine Vedute von Canaletto malte, die ihm ein Tourist in Auftrag gegeben hatte.

»Sie malen Canaletto ohne Vorbild?«, fragte der Mann mit dem
großen aufgezwirbelten Schnurrbart und den kindlichen Augen unter der dichten weißen Haartracht verblüfft; es ent-
spann sich ein lebhaftes Gespräch, während die Frau zerstreut
die Mappe mit Paolos Zeichnungen durchblätterte, doch eine
davon länger betrachtete, sie dann wieder zurücklegte.

»Wenn Sie gestatten, eine Hommage an Ihre Schönheit«, sagte Paolo und überreichte ihr das Bild.

»Sie wollen mich nur dazu bringen, umsonst Modell zu stehen! Aber täuschen Sie sich nicht: Ich gebe allenfalls Rabatt«, entgegnete die Frau kokett. Bald danach ging sie, ohne die Einladung anzunehmen, die Unterhaltung doch in der »Closerie des Lillas« fortzusetzen, einem Café, das sich abends mit Malern, Dichtern und Musikanten füllte: so verraucht und gedrängt ging es dort zu, dass sich jeder abgewiesen fühlte, der nicht zur verschworenen Gemeinschaft gehörte. Schon öfter war Paolo mit Masi dort vorübergegangen, hatte aber nie gewagt einzutreten. »Sie lebt auf der *Butte*[16] und ist das bestbezahlte und kapriziöseste Modell vor Ort«, sagte der Mann, während sie die Brücke über die Seine überquerten, auf dem Weg zu ebenjenem Café. »Ich habe sie durch Zufall vor Ihrem Canaletto getroffen. Sie können Nadine am Samstagabend wiedersehen, bei mir zu Hause, wenn Sie wollen, in der Rue de Perret. Ein kleines Fest: Wir machen Musik, sprechen über Malerei und tragen Gedichte vor.«

»Ich komme gern, mit einem Freund«, sagte Paolo.

»*Pas de problème*«, antwortete der Mann mit den buschigen Brauen. Er hieß Henri. Vor einem Glas Wasser gemischt mit Absinth — dem Anisschnaps ähnlich, nur spritziger und anregender, Paolo hatte ihn sofort zu seinem Pariser Lieblingsgetränk erkoren — unterhielten sich die beiden lange wie zwei alte Freunde. »Genau wie du habe ich mit vierzig noch einmal neu angefangen und gemalt«, sagte Henri zu ihm. »Ich war Zollbeamter und habe mich pensionieren lassen. Und als Erstes habe ich mich im Louvre als Kopist angemeldet, wie du.«

Klatschnass trafen Paolo und Masi in der Rue de Perret ein und fanden sich, kaum hatten sie das Atelier betreten, in eine andere Welt abseits des verregneten Paris katapultiert: An den Wänden hingen große exotische Landschaften, ein dichtes Geschwirr von Gesprächsfetzen zwischen den unterschiedlichsten Menschen, Malern, Dichtern, einfachen Hausnachbarn von Henri erfüllte den Raum, während seine Frau mit einem Tablett voll Speisen und gefüllten Gläsern eifrig zwischen den Gästen umherging.

Henri, der jeden Neuankömmling liebenswürdig begrüßte, stellte Paolo einige Maler vom Montmarte vor: einen Italiener, Amedeo, schön wie eine Statue und bereits betrunken, der sogleich zornig wegging und die bösartigen Bemerkungen über seine Malerei — seine Portraits seien Eier mit Augen auf hohen zylindrischen Formen — hinter sich ließ; den Spanier Pablo, klein, gelocktes Haar. »Le peintre des demoiselles«, setzte Henri erklärend hinzu.

»Du bordel d'Avignon«, präzisierte der Spanier mit spöttischem Blick aus dunklen Augen. Max, der Poet, der neben ihm am Kamin stand, begann eine mühsame Unterhaltung mit Masi, der sein französisches Radebrechen mit neckischen Blicken ergänzte; zu den beiden gesellte sich Nadine, die Paolo von weitem zunickte. Er verspürte einen Moment der Verunsicherung, als er die Drei bei ihrer lebhaften, vertraulichen Unterhaltung betrachtete, ein Gefühl, das sofort wieder verschwand beim Gedanken an die Fülle des Lebens in diesen Monaten, an die tiefgehenden Erfahrungen, denen er sich allein niemals ausgesetzt hätte.

Paolos Nerven, sein Herz, sein Verstand waren wie Antennen, die jedes Gesicht, jede Nuance, jedes Detail des Abends einfingen. Er sprach wenig und stand lange nachdenklich vor den Wänden mit Henris Gemälden — sie waren von einer betäubenden Schönheit, die die Wehmut des Verlustes noch nicht kannte. Besonders ausgiebig betrachtete er das unvollendete Bild auf der Staffelei: Vor einem urweltlichen Hintergrund, einer Verdichtung von nuanciertem, schattigem Grün, glänzten die feurigen Augen einer Magierin.

Er dachte noch tagelang an diese Malereien, suchte in seinem Innern nach dem fernen exotischen Paradies, wie es sich vor Henris visionären Augen auftat. Stattdessen fand er Verwirrung, Beklemmung und — stets auf der Lauer, jegliche Unschuld zu zerstören — eine gnadenlose Bewusstheit, die ihm jede Hingabe unmöglich machte. Ihn daran hinderte, ein Mann des Staunens und Fühlens zu sein, wie Henri einer war.

Paolo kam oft in die Rue de Perret zurück. Masi bewegte sich dort mit großer Selbstverständlichkeit unter den Malern und Dichtern, scherzte ausgelassen und ohne falsche Scham mit Nadine und vor allem mit dem höchst gesprächigen, unterhaltsamen Max, der den jungen Mann von der ersten Begegnung an keinen Moment mehr aus den Augen gelassen hatte, und dieser wiederum erwiderte seine Aufmerksamkeiten mit Schwung und Temperament.

Nur die Musik konnte das subtile Gefühl der Nichtzugehörigkeit abschwächen, das Paolo auch hier empfand. Henri beendete diese Abende, indem er mit seiner weichen, geübten Stimme gefühlvolle Volkslieder sang; Paolo begleitete ihn oft auf der Gitarre, trug auch selbst Romanzen und Stücke aus Opern vor. Das hatte er von Turi gelernt, der ein sehr feines Gehör hatte: Selbst im Ticken der Uhr und in dem furchterregenden Raunen der *draunare*[17] entdeckte er verborgene

Melodien. Es gab nicht eine Opernvorstellung im *Teatro Garibaldi*, die sie nicht gemeinsam besucht hätten, und nicht eine Zusammenkunft des Arbeiterzirkels, die nicht mit Turis Gitarre und Gesang endete, bei dem anfangs alle still lauschten und am Ende im Chor mitsangen. Die Stunde der Musik verstrich erfüllt und ohne Brüche. Aber am Ende hatte ihn jedes Mal jene gewisse Melancholie wieder eingeholt, die ihn auch jetzt bei Henri überfiel.

Kaum hatte er das Atelier verlassen, löste sich das Zusammenspiel der Töne auf, als ob es diesen Ort, dieses Luftholen und Auftanken warmer Menschlichkeit, diese Freude nie gegeben hätte.

〄〄〄

Ihre Zeit an der Place Saint-Michel währte nur ein paar Monate. Als Ende des Jahres ein Zimmer im Hôtel du Poirier frei wurde, zogen sie auf den Montmartre um. Masi sog das Leben dort bei Tag und bei Nacht restlos auf. Anfangs noch ein wenig verschüchtert, weil er nichts verstehen und sich auch nicht verständlich machen konnte, öffnete er sich dann mehr und mehr, seine charmante Art zu reden, eine Mischung aus Französisch und Catania-Dialekt, kam gut an; aus dem dreisten Barbiergehilfen, dem Strichjungen von den Lavafeldern war ein junger Bohemien geworden, der selbstsicher durch die Gassen der *Butte* lief. Kohlschwarz sein Blick. Und auch das Herz. Er grüßte jeden, und wurde von allen erkannt. Er verschwand ganze Tage in Gesellschaft von Max oder von Nadine, mit der er Modell stand: eine Komplizenschaft im Leben und, da war sich Paolo sicher, beim Sex, die ihn völlig ausschloss.

Er geriet in Unruhe. Lange zermürbende Diskussionen bis spät in die Nacht. Als Masi ihm eröffnete, er wolle Boote beim Baron Pigard anmalen gehen, kam es zwischen ihnen zu einem heftigen und langwährenden Streit — zwei Tage, ohne ein Wort miteinander zu wechseln. Am dritten Tag dann, wie jedes Mal, eine erregende Wiederversöhnung. Den Baron hatten sie eines Abends im »Rat mort« kennengelernt, dort, wo sich die Mitglieder des von ihm gegründeten Vereins »Freunde des Meeres von Montmartre« bei Matrosengesängen und ausschweifenden Umtrünken trafen; sobald der Baron erfuhr, dass die beiden aus Sizilien kamen, lud er auch sie in die Trinkrunde ein und nahm sie offiziell in den Verein auf. Von diesem Tag an lockerte Masi seine Beziehung zu Max und Nadine und verkehrte immer öfter im Haus des Barons.

»Selbst wenn er dich bezahlt, hast du's denn nötig?«, hatte Paolo ihn beim ersten Mal wütend angeschrien. Masi aber beharrte auf seinen täglichen Besuchen, und Paolo resignierte vor dieser gnadenlosen Jugend, die stets eigene Interessen voranstellte; die gleiche Haltung traf er auch bei den jungen Malern, den Künstlern und Kumpanen in den Ateliers auf dem Montmartre: Exzesse, Eifersucht und grausame Notbehelfe zum Überleben. Ein Wall aus ganz anderen Wünschen trennte ihn von der überschwänglichen Jugend dieser Maler.

Seine Besuche im Louvre waren spärlicher geworden, und nach den ersten Zeiten ebbte auch sein intensiver Kontakt mit den Ateliers ab.

Während Masi bis spät in den Tag hinein schlief, um dann allein auf Tour zu gehen — am Abend trafen sie sich in irgendeinem Bistro —, stand Paolo frühmorgens auf. Zerstreut streifte er durch die Gassen und über die kleinen Plätze des noch halb schlafenden Hügels und verspürte sehr eindringlich die Nähe von Malerei und Alltagsleben, beides stets im Klammergriff der Not, von der die Straßen, Bistros und Hotelzimmer durchdrungen waren. Auf dem Montmartre fand er die Welt der Armut, wie er sie in Sizilien zurückgelassen hatte, uneingeschränkt wieder, freilich gepaart mit der Illusion, sie mithilfe der Kunst abmildern zu können. Ja, ihr gar endgültig zu entgehen.

Was ihn anzog, waren die wirren Geschichten von falschen Vorstellungen und echten Niederlagen in den Gesichtern der Ladendiebe, der Prostituierten, der Amateurmaler, der Säufer, die Verse an die Sterne deklamierten, sich für Dichter hielten.

Bisweilen schaffte er es bis zu den strohbedeckten Hütten, von Rosen und Flieder überquellenden Gärtchen im Maquis, einem noch halb ländlichen Gebiet, das die Maler in der Abenddämmerung aufsuchten, um *en plein air* zu malen. Er erkundete die Trödelläden, in denen alles zu finden war — Pappschachteln, Schrott, alte Möbel, Teile von vermeintlich unbrauchbaren Dingen: Körbe ohne Boden, kaputte Türklinken, zerfledderte Bücher — und verweilte dort oft, um sich mit Lumpensammlern und Trödlern zu unterhalten, verstand jedoch nicht immer die schnelle, mit Argot durchsetzte Sprache seiner Gesprächspartner.

Tägliche Etappe war der Laden seines Freundes Joachim *le Chimiste*, der seit über zehn Jahren auf dem Montmartre lebte; eines Lyzeums in Lyon verwiesen, wo er Chemie gelehrt hatte, war er nach dem Attentat auf den Präsidenten Sadi Carnot und dem harten Durchgreifen gegen alle Anarchisten hierhergezogen. Obschon polizeilich aktenkundig und streng überwacht, verschwand er ab und zu und mit ihm alle Redakteure der anarchistischen Zeitung *Libertaire*: Die Polizei brachte sie am Vorabend einer jeden Demonstration präventiv hinter Gitter.

Paolo war dieser Mann einige Tage nach seiner Ankunft im »Lapin Agile« — dem abendlichen Treffpunkt von Pablos Clique — aufgefallen, als er in einer flammenden Rede die enge Verbindung von Chemie und Anarchie darlegte und mit einer detaillierten Klassifizierung explosiver Sprengsätze endete: gut für Demonstrationszwecke; teilweise gefährlich; gefährlich und *très, très dangereuses*. Paolo schloss sofort Freundschaft mit Joachim — abends ein berauschter und äußerst beredter Anarchist, tagsüber ein stiller Handwerker, Strohsitzflechter. Kam Paolo in seine Werkstatt, wechselten sie kaum ein Wort, aber Joachim strahlte großen inneren Frieden aus. Wenn Paolo gebannt seinen geschickten Fingern zuschaute, erkannte er die flinken Hände der Mutter wieder. Während sie den Wollfaden über die Stricknadeln legte, um den Strumpf Reihe um Reihe wachsen zu lassen, hatte er ihr detailliert die Roben, Juwelen, Möbel und Tapeten der aristokratischen Feste beschrieben, an denen er teilnahm. Einmal hatte er ihr nach der Rückkehr aus Rom von Anna erzählt, die Bauern und Arbeiter anführte und wie ein Mann frei und allein durch Europa reiste. »Was für eine Schande! Was für eine Schande!«, hatte die Mutter gemurmelt, doch ihre Augen hatten vor Erregung geglänzt.

Die Welt der Malerei am Montmartre erwachte erst spät am Morgen.

Stets wach schien nur Amedeos Freund Maurice, der verrückte, trunksüchtige Maler, den Marie Vizier in einem Zimmer im ersten Stock des Cabarets »La belle Gabrielle« eingesperrt hatte. Er war wahnsinnig in sie verliebt. Zu jeder Tag- und Nachtzeit, kaum hörte er Menschen auf der Straße vorübergehen, riss er das Fenster auf, schrie »Es lebe die Anarchie!« und warf alles hinunter, was ihm gerade in die Finger kam, oft auch seine Zeichnungen, die Marie ihm ansonsten abnahm und weiterverkaufte. Zur Strafe jagte sie ihn dann davon.

Eines Morgens sah Paolo, wie Maurice auf dem Trottoir vor dem Cabaret saß und Marie verzweifelt anflehte, ihn doch wieder zu ihrem Gefangenen zu machen. Er hob eine der Zeichnungen auf: eine Ansicht vom Montmartre, die auf wundersame Weise hell und unbefleckt aus dem tiefen Dunkel jenes Lebens aufgestiegen war.

Die neue Malerei aus den Ateliers dagegen verunsicherte ihn bis zur völligen Mutlosigkeit. Beispielloses Aufsehen erregten in jenen Monaten Pablos *Les Demoiselles*, um deren willen alle, begeisterte Bewunderer wie Gegner, ins Bateau Lavoir pilgerten — ein großes Haus mit vielen kleinen Atelierwohnungen, in dem der Spanier mit seiner Freundin Fernande lebte. Paolo ging eines Abends mit Henri dort vorbei, der eigens auf den Montmartre gekommen war, in Begleitung einer Gruppe von Freunden, die zu den Bewunderern gehörten: Mit den *Demoiselles* — so sagten sie — habe sich das Dritte Auge am Montmartre aufgetan, und werde nun Paris, und von dort aus die Alte und die Neue Welt erleuchten. Tagelang besetzten die rätselhaften *Demoiselles* seine Gedanken. Sie quälten ihn, diese zerlegten und wieder zusammengefügten Körper, die einer geistigen Sphäre ohne jeglichen Raumbegriff angehörten; eine zerstörerische Energie brach aus ihren Formen hervor, machte die Illusion aller Erscheinungen zunichte.

Wie immer nach einer neuen künstlerischen Erfahrung griff er zu Pinsel und Farben und machte sich ans Nachahmen, ließ die Arbeit aber halbfertig zurück: Das bedrohliche Chaos der Gestaltlosigkeit kehrte aus dem Dunkel des Weltenbeginns zurück, zersetzte die Gesichter der *Demoiselles*, sprengte jegliche Form.

Er nahm seine Besuche im Louvre wieder auf. Indem er den Ateliers mit ihrer verstörenden Fülle an Formen und Farben den Rücken kehrte, fand er zeitweilig Ruhe vor der Ungewissheit, eine vage Ausflucht angesichts seines Unvermögens. Doch wenn er am Nachmittag aus dem Museum trat und Passanten seinen Weg kreuzten — häufig Arbeiter, die todmüde nach Hause gingen —, dann fragte er sich wieder, in welcher Linienkrümmung, welcher Farbschattierung wohl

diese anonyme Schar mit ihren schwieligen Händen und ver-
schleimten Stimmen ihren Platz finden könnte.

Er arbeitete wieder als Kopist.

Oft blieben die Museumsbesucher verblüfft bei dem nicht
mehr ganz jungen Maler stehen, der Mantegnas Heiligen Se-
bastian mit seinen kraftvollen, pfeildurchstoßenen Formen
nicht einfach kopierte, sondern, bei gleicher Bildkomposition,
eine zarte, von Pfeifen durchbohrte Gestalt malte. Zu ihrem
Gesicht stiegen Rauchringe auf, die sich in Flammen verwandelten; ein junges, lasterhaftes Gesicht, ähnlich dem des Baron Pigard.

»Ein Verrückter«, hörte er einen Besucher sagen, der sich rasch
entfernte, doch ein anderer, ein paar Stunden später, blieb
lange vor Mantegnas Gemälde und seiner so wenig getreuen
Kopie stehen. Er reichte Paolo seine Visitenkarte und sagte:
»Kommen Sie mich in der Galerie besuchen.«

Paolo erzählte weder Masi noch seinen Malerfreunden von
dieser Begegnung. Er gab sich keinen Illusionen hin.

꒷꒷꒷ ꒷꒷꒷ ꒷꒷꒷

Trotz der schweren Mappe mit Zeichnungen — kantige, groteske Portraits von Bewohnern des Montmartre — unter dem Arm wollte Paolo Ciulla an jenem Samstagnachmittag zu Fuß auf den Hügel zurück; mit unbeteiligter Miene, wie immer, doch innerlich jubilierend. Überschwänglich jubilierend: Beim zweiten Treffen mit dem Galeristen, dem er in der Woche zuvor seine Arbeiten vorbeigebracht hatte, war die Entscheidung gefallen. »Das ist etwas völlig Neues, aber nicht leicht auf den Markt zu bringen«, hatte der Mann gesagt. Doch die Bilder interessierten ihn, und er war bereit, die Herausforderung anzunehmen. Sie hatten ein weiteres Treffen vereinbart, um das Finanzielle zu regeln und über eine erste Ausstellung zu sprechen, die ihn und seine Kunst der Öffentlichkeit präsentieren sollte.

Am liebsten hätte er es auf der Stelle Masi erzählt, es ganz Montmartre entgegengerufen. Eine Ausstellung. Er allein. In Paris. Aber es war noch zu früh. Masi würde frühestens um neun und zusammen mit dem Baron und Pablos *banda* im »Lapin Agile« auftauchen, wo er mit ihm verabredet war. Das hatte ihn verwundert: Am Samstagabend mied die *banda* das Lokal eigentlich, während es von Parisern überschwemmt wurde, die wochenends auf dem Hügel in Kunst und Eros eintauchen wollten. Er überlegte, vielleicht ebenfalls beim Baron vorbeizugehen, wie er es hin und wieder tat, um dann bis spät zu bleiben. Manchmal kamen auch Amedeo und der Spanier dazu, tranken Absinth und zogen an ihren Pfeifen; er selbst gab sich lieber der erregenden Leichtigkeit des Haschischrauschs als dem schläfrigen Opiumdämmer hin.

Langsam ging er voran, ließ die außergewöhnlichen Ereignisse des Tages Moment für Moment Revue passieren und malte sich die Zukunft aus: die Ausstellung, die Vernissage ...

Turi. Ihm musste er sofort davon berichten, denn der Freund hatte immer schon an seine Kunst geglaubt, seit er damals aus dem zornigen Gesicht des Lehrers mit wenigen Federstrichen einen schreienden Eselskopf gemacht hatte. Ja, Turi musste unbedingt zu seiner Vernissage kommen. Im Geiste formulierte er schon den Brief, den er ihm am nächsten Tag schreiben würde ...

Plötzlich schob sich etwas in sein Blickfeld, ließ seine umherschweifenden Gedanken innehalten.

Im Gegenlicht des Abendrots folgten junge, barfüßige Frauen in knappen Tuniken den mal langgezogenen, mal wirbelnden Bewegungen einer ganz in sich versunkenen Tänzerin mit geschlossenen Augen. Diese Gestalt von vollkommener Schönheit — Jahre später sollte sich ihr Schal in der Felge eines Autos verfangen und sie auslöschen —, ließ Paolos Jubel an diesem späten Nachmittag im Frühjahr 1908 noch anschwellen: Selbst der Baron Pigard mit seinen törichten Booten erschien ihm nun als notwendiger Teil der Welt.

Bei ihm zu Hause war niemand.

Er machte sich auf ins »Lapin Agile«. Die Gaststube war brechend voll — Kurzwarenhändler, Angestellte, Lehrer. Gesichter, die ihm gefielen: An diesem Abend war die *Butte* kein Hort der Kunst, sondern ein Ort wie jeder andere.

Er setzte sich, der kühlen Abendluft zum Trotz, nach draußen und wartete. Père Frédé hatte alle Hände voll zu tun und nickte ihm von weitem zu, während er Speisen und Getränke im rauchigen Saal austeilte. Im rosaroten Licht der mit Seidenstoff verhangenen Lampen schwammen, zwischen Gesprächsfetzen, Besteckklirren und Gläserklingeln, unwirklich die Gesichter der Gäste. Er erkannte eine Gruppe Amateurmaler von der Place du Tertre, die sich nur samstags, so es ihnen gelungen war, etwas zu verkaufen, ein ganzes Menü für zwei Francs gönnten.

Père Frédé kam auf ihn zu, in seiner immer gleichen Arbeitsuniform — Schaftstiefel, kariertes Hemd, rotes Halstuch —, ein Glas Amaro Picon in der Hand: »Heute platzen wir aus allen Nähten. Bleibst du fürs Finale hier?« Paolo nickte stumm. Bei der unvermeidlichen Schlussdarbietung mit Musik und Gedichten bildete sein Tenor häufig den Kontrapunkt zu Frédés weicher, heiserer Stimme.

Neun Uhr war vorbei. Einige Wagemutige setzten sich in die Pergola und warteten, bis drinnen Plätze frei wurden. Paolo bat den Kellner um einen Absinth. Er entspannte sich: Bedächtig mischte er Wasser, Zucker und Alkohol, bedächtig nippte er an seinem Getränk. Die Kälte war nun beißend geworden.

Zehn Uhr vorbei. Er bestellte noch einen Amaro Picon. Dann wieder Absinth. Als Père Frédé ihn um halb zwölf, dreißig

Minuten vor Zapfenstreich, zu ihrem Auftritt rufen ließ, berichtete der Botenjunge, er habe in der Ferne Paolos trunkenen Gesang gehört.

Im Hôtel du Poirier wimmelte es von Gendarmen, und Madame Excafier zeterte wie eine Besessene gegen das ganze liederliche Montmartre an. Sofort stürzte sie sich auf Monsieur *le professeur*, diesen Lügner und Kinderschänder, der genau in dem Augenblick beschwipst und benommen des Weges kam. Im Nu hatte Paolo wieder einen klaren Kopf.

Aus Madame Excafiers Gezeter und den Fragen der Gendarmen konnte er sich Einiges zusammenreimen: Masi war am Morgen, Stunden nachdem er das Haus verlassen hatte, mit Gepäck heruntergekommen. Da Madame Excafier befürchtete, *le professeur* wolle sie mit einem Trick um die Wochenmiete prellen, stellte sie sich dem Jungen an der Haustür entgegen. Rabiat bahnte der sich seinen Weg und schrie die schockierte Madame an — sie hatte die beiden bei ihrer Ankunft als Vater und Sohn eingetragen —, sie solle sich das Geld doch von seinem Liebhaber, dem Herrn Lehrer, holen.

Madame Excafier rief die Polizei, doch die traf erst spät am Abend ein und verfolgte nicht etwa den Halunken, sondern verlangte ihre Lizenzen und Papiere zu sehen.

»Alles Ausreden, um mir die Pension zu schließen«, kreischte die Wirtin aufgebracht, die sehr auf die Moral ihrer Gäste und kaum auf deren Dokumente achtete. Alles endete damit, dass sie und ihre Gäste aufs Kommissariat vorgeladen und einige Stunden später wieder entlassen wurden.

Es dämmerte bereits, als Paolo Ciulla in sein Zimmer hinaufstieg. Nachdem er Gemälde und Zeichnungen fein säuberlich in dünne Streifen gerissen hatte, packte er seine Sachen, ging wieder hinunter, bezahlte für die Woche und verließ die Pension.

Niemand am Montmartre hörte mehr etwas von den beiden Italienern. Und niemand sah sie je wieder.

Der Einzige, der sich wegen Paolos Verschwinden grämte, war der Anarchist Joachim *le Chimiste.* Er verlor nicht nur einen aufmerksamen Zuhörer, sondern auch einen originellen Zechbruder, der seinen Internationalismus wieder bestärkt hatte, mit Geschichten von Bauern, Schwefelgrubenarbeitern und anarchistischen Genossen, wie sie auch in Sizilien kämpften und sich zur Revolution bereitmachten.

Sonst war es vor allem Henri, der die Malerfreunde auf dem Montmartre mit größerer Beharrlichkeit nach Neuigkeiten von Paolo fragte.

Die Geschichte von Masis Flucht mit dem Baron machte die Runde von Bistrot zu Bistrot, zum großen Vergnügen aller. Niemand hatte Mitleid mit dem verschlossenen Paolo — undurchschaubar wie er war, unempfänglich für jede Art von Scherz —, der nur beim Singen zum Menschen wurde. Und wenn er dann doch einmal sprach, war es umso schlimmer: eine böse, ans Groteske grenzende Ironie, die nichts aussparte.

»Schweigsam und mittelmäßig«, sagte einer der Maler zu Henri. »Und lächerlich: Ganze Tage hat er im Louvre verbracht und dort Bilder kopiert, wie ein Anfänger in den ersten Jahren an der Akademie.«

»Nein«, antwortete Henri. »Seine Malerei ist ein Schlachtfeld, alles Unrecht, alle Schrecken der Welt stecken darin. Er hat Talent, der Italiener.«

So lautete das Schlusswort zu Paolo Ciullas Pariser Leben als Bohemien, das etwas weniger als ein Jahr währte.

Sieben

Nach ganzen sieben Jahren in der lärmerfüllten, beengten Forensischen Psychiatrie von Buenos Aires ertrug Paolo Ciulla am dritten Tag der Überfahrt das Geschrei und das vergebliche Gerangel um einen Sitzplatz nicht mehr. So aß er irgendwo im Stehen, wie die meisten Passagiere der dritten Klasse: Handelsreisende, einige kleine Touristengruppen oder glücklose Emigranten, von denen viele zur Rückkehr nach Italien gezwungen wurden: Sie sollten die riesige Zahl von Gefallenen des ersten Kriegsjahrs ersetzen, die in ebenjenen Tagen durch die törichten Manöver des Generals Cadorna beim Sturm auf Görz um weitere 21630 Tote anwuchs.

Weil er einmal richtig durchatmen wollte, beschloss er, seine Mahlzeiten während der gesamten Überfahrt in der ersten Klasse einzunehmen. Eine kostspielige Laune angesichts seiner spartanischen Lebensweise und seiner bescheidenen Mittel, auf die er aber sehr stolz war: Verdient hatte er sich das Geld nämlich mit seiner Malerei, in den ersten Jahren in der Psychiatrie, den schönsten seines Lebens als verkannter Künstler. Hundertfünfzig Lire, fast so viel wie seine Fahrkarte kostete jener Luxus, der es ihm jedoch erlaubte, lange inmitten der abgeschirmten Salons der ersten Klasse zu verweilen.

Er war fest entschlossen, nicht noch einmal so zu reisen wie 1908, als er sich nach Santos in Brasilien eingeschifft hatte: an Deck, unter einer Schar von Emigranten aus ganz Europa — Deutsche, Belgier, Polen, auch Italiener, die gegen einen kleinen Aufpreis von Le Havre aus aufgebrochen waren, um sich die langen Wartelisten für die Überfahrt in Neapel und Genua zu ersparen.

Einen Monat Wind und Unwetter, immer das Schreckgespenst eines Schiffbruchs inmitten gigantischer Wellen und ausgehungerter Haie vor Augen. Keine Reise, eine Flucht war das, hinüber in eine Welt, von der niemand an Bord mehr kannte als Gerüchte über sichere Arbeit und schnellen Reichtum. Die Glücklicheren unter ihnen trugen die Adresse eines Bekannten oder entfernten Verwandten in der Hosentasche, an den sie sich gleich nach der Ankunft wenden wollten.

In dieser Masse mitteloser, ungebildeter Glückssucher, die, häufig kleine Kinder auf dem Arm, verzweifelt nach einem Platz an Deck Ausschau hielten, war ihm seine eigene Abreise wie die Entscheidung eines Privilegierten vorgekommen. Seinen Schmerz über Masis Verschwinden empfand er wie eine Schuld, als er mitansehen musste, wie zwei von der Ruhr dahingeraffte Kinder in den Ozean geworfen wurden, und ihre Eltern stumm der Spur der Leichensäcke nachblickten. Nach der Landung warteten sie tagelang auf die Kontrolle ihrer Dokumente und des Gesundheitspasses — zusammengepfercht in einem riesigen Saal, wo das hohe Deckengewölbe das Stimmengewirr der Emigranten und die in der fremden Sprache herausgebellten Befehle als unverständliches Dröhnen zurückwarf. All jene, die wie er keinen Platz auf den lan-

gen Holzbänken gefunden hatten — und das waren viele —,
mussten stehend in einem abgesperrten Bereich neben dem
Gepäck ausharren.

Lange wartete er auf die Kontrolle, während seine Reisege-
fährten nach und nach in die Urwälder, die Minen, die großen Kaffeeplantagen ausströmten, und sich ein neuer Schwall
benommener, soeben aus Neapel eingetroffener Migranten
in die Halle ergoss.

Wären da nicht die helle Haut und die altmodische Kleidung
der beiden ligurischen Straßenverkäufer, die hinter ihrer Kis-
te mit Fingerhüten, Bürsten, Garnspulen, kleinen Scheren auf
der Erde sitzen, dann könnte es sich bei dem Foto von Anfang des 20. Jahrhunderts um ein Portrait zweier fliegender
Händler handeln, Afrikaner oder Asiaten, wie sie heute zahl-
reich in ganz Italien anzutreffen sind: derselbe prüfende Blick
der Armen und im — fremden und unwirtlichen — Hintergrund derselbe Rassismus. In den wohlhabenden Ländern
nimmt der Feind stets das hungrige Antlitz des Migranten an.
Gegen Ende des 19. und in den ersten Jahrzehnten des 20.
Jahrhunderts stand jeder italienische Migrant im Verdacht,
ein Terrorist zu sein, gingen doch die tödlichen Attentate
auf Sadi Carnot, Kaiserin Sissi und Umberto I. auf das Konto
italienischer Anarchisten.

Unter dem Vorwand, Jagd auf anarchistische Terroristen machen zu wollen, setzte in Europa und Amerika eine heftige
fremdenfeindliche Hetzkampagne ein, die billige italienische
und teurere einheimische Arbeitskräfte gegeneinander aus-
spielte: Die Folge waren Raubüberfälle, Lynchmorde und ge-
richtliche Schnellverfahren, bis hin zu jenem, das 1927 in den

USA mit der Todesstrafe für Sacco und Vanzetti endete. Außerdem wurden neue Gesetze erlassen, wie das *Ley de Residencia* in Argentinien, das es seit 1902 ermöglichte, jeden Ausländer, dessen Verhalten als »Störung der öffentlichen Ordnung« gewertet wurde, auf der Stelle, ohne jegliches Gerichtsverfahren, auszuweisen; und dabei unterschied man nicht zwischen Sozialisten, Garibaldinern und Anarchisten, die alle in der zweiten Hälfte des 19. Jahrhunderts aus der Alten in die Neue Welt ausgewandert waren, um den Repressionen der Polizei zu entgehen.

Die endlose Wartezeit in der Registrierungshalle von Santos hatte Paolo Ciulla — der im späten Frühjahr 1908 mit der Landung in Brasilien zum vierten Mal in seinem Leben bei null anfing — seiner Brille und seiner distinguierten Ausstrahlung zu verdanken. Der Grenzpolizei war schon beim ersten Blick klar: Diesen Italiener mit der intellektuellen Aura hatte nicht die Not in die Emigration getrieben.

Lange befragten sie ihn zu seiner früheren Arbeit, seinem Herkunftsort und den Gründen, deretwegen er sich in Le Havre eingeschifft hatte, und wie bei all seinen Landsleuten lautete die Antwort, er habe nicht Monate auf die Abreise warten wollen. Doch noch länger ging die Befragung zu seinen politischen Überzeugungen — Anarchist? Sozialist? Er schwor, gänzlich unpolitisch zu sein.

Schlussendlich ließ man ihn einreisen, und gab ihm eine Liste mit Fotoateliers und Gravurwerkstätten, bei denen er nach Arbeit fragen konnte.

Eine eigene Unterkunft fand er zunächst nicht, und so arrangierte er sich mit einer *cama caliente*, einem Schlafplatz, den er sich nachts schichtweise mit zwei anderen Italienern teilte.

Wenn er dann im Patio warten musste, bis er mit dem Schlafen an der Reihe war, schaute er auf zu den Sternen und ließ den nunmehr vergangenen Lebensabschnitt an sich vorüberziehen, Sequenz für Sequenz, wie im Kinematograph der Brüder Lumière: Henri, Masi, der Galerist, die Anerkennung als Künstler, die er immer ersehnt und nun endgültig jenseits des Ozeans zurückgelassen hatte; wie jedes Mal hatten das Leben und seine heftigen Leidenschaften über seine Kunst gesiegt.

Er blieb nicht lange in der *cama caliente*; nach einigen Wochen fand er Arbeit als Graveur bei der Firma Riedel & Franco und eine eigene kleine Wohnung in einem ruhigen Viertel am Rande von São Paulo.

(Notiz)

Die einzigen gesicherten Informationen über Paolo Ciullas Zeit in Lateinamerika sind die aus seinem Brief an Doktor Obdulio Hernández vom 13. Juli 1910.

Um diesen *loco*, diesen ungewöhnlichen Geisteskranken, besser behandeln zu können — er war am 21. April jenes Jahres ins Hospicio de las Mercedes, die Forensische Psychiatrie von Buenos Aires, eingewiesen worden —, hatte der Psychiater ihn aufgefordert, seine Lebensgeschichte niederzuschreiben.

In einer Sprache, die wie selbstverständlich mit ungenauen spanischen Wörtern durchsetzt ist, umreißt der *loco* sehr hastig seine Jugend und lässt dabei vieles aus: das schwierige Verhältnis zum Vater und zu seinem Bruder, den er nicht einmal erwähnt, sein politisches Engagement, seine komplizierten Liebschaften mit Männern. Die Zeit in Catania und Paris überspringt er gänzlich, als wäre er nie dort gewesen und direkt von Caltagirone aus in die Neue Welt gezogen.

Ein Brief, der das Bild eines Künstlers ohne Fehl und Tadel zeigen soll, und daher vieles verschweigt, auch aus den beiden Jahren in São Paulo und Buenos Aires.

Hochverehrter Doktor Hernández,
man bittet mich um meine Lebensgeschichte: Hier ist sie.
Meine Eltern waren ehrliche und tüchtige Leute. Ich
erlernte das Malen und Zeichnen, an Fachschulen und
an den Kunstakademien in Neapel und Rom. Die Stadtverwaltung meiner Heimat (Caltagirone) unterstützte
mich, und ich kam allerorts zu Ehren!
Überraschend wurde ich nach Hause gerufen und verlor
meine teure Mutter. Auf dem Sterbebett vertraute sie mir
meine Schwester an, die nun ohne Vater und Mutter
zurückblieb!
Ich tat meine Pflicht, ich brachte meine Schwester in ein
Mädchenpensionat und stand ihr bei. Sobald sie volljährig
war, holte ich sie aus dem Pensionat. Sie heiratete, und ich
war ihr wie eine Mutter, opferte dafür einen Teil meiner
Arbeit.
Neun Monate später starb sie bei der Geburt ihres
Kindes!
Nun sah ich mich frei vom Versprechen, das ich meiner
Mutter gegeben hatte, und entschied, nach Amerika
aufzubrechen (verwünscht sei der Tag!).
Also habe ich meine Werkstatt für Fotogravüre, Fotografie
und Malerei geschlossen und bin nach Amerika gekommen,
nach São Paulo (Brasilien).
Ich fand Arbeit bei Riedel y Franco, die Geschäfte liefen
schlecht. Ich lernte einen Genuesen, einen gewissen Alfredo
Bioletto, kennen, der capataz[18] in einer anderen
Druckwerkstatt war, und schlug ihm vor, dass wir beide
ein Atelier eröffnen könnten. Er war einverstanden, aber

als ich daraufhin meine Arbeitsstelle kündigte, die 7000
Real am Tag einbrachte, da sagte er doch zu mir, dass er
nicht mein Partner werden kann (weil seine Frau davon
abrät) und er seine Arbeit nicht für die Ungewissheit
aufgeben wird.

Da fragte ich ihn: »Warum hast du mich um Lohn und
Brot gebracht?« Wir stritten uns, und seine Frau, eine
Französin, deren Vater Seifenfabrikant in Buenos Aires
ist, drohte mir, dass sie sich, sollte ich je nach Buenos Aires
kommen, für die Schimpfnamen rächen würde, die ich
ihrem Mann verpasste, sie hätte nämlich Freunde dort!
Und das tat sie, und zwar so:

In Buenos Aires angekommen, fand ich Arbeit bei der
Allgemeinen Druckereigesellschaft, wo in der Fotogravüre
ein deutscher capataz namens Vich arbeitete: In besagter
Gesellschaft begannen Vichs Söhne und ein graglieco[19],
mich zu verspotten.

Ich sah, dass die Zeitung »Tipo e tipetti« scheitern musste,
weil sie schlecht gesetzt, schlecht gedruckt war, und so ging
ich eines Tages zum Direktor und sagte ihm: »Wenn das so
weitergeht, wird die Zeitung eingestellt!«

Himmel hilf! Alle gegen mich ... Man wollte mich aus dem
Betrieb in Buenos Aires hinauswerfen. Und so geschah es!
Also suche ich Arbeit, wieder und wieder, und finde keine.
Schließlich treffe ich zu meinem Pech in der Calle 25 de
Mayo (die Nummer weiß ich nicht mehr) einen Ingenieur,
einen gewissen Luisi dell'Isola aus dem Piemont, der mich
einstellt und mir 5 Pesos am Tag verspricht, zunächst
jeden Tag 2 Pesos direkt auf die Hand.

Der erste Monat verging ... und der zweite ... Der dritte
verging, und weil dieser camorrista, *dieser Verbrecher,*
mich nicht bezahlte, gab ich ihm zu verstehen, dass er
mich gefälligst entlohnen und den Arbeitern nicht das Blut
aussaugen sollte.
Als Antwort ließ er mich einfach festnehmen (am Abend)
und in die Irrenanstalt bringen! Nach drei Monaten in der
Irrenanstalt durfte ich gehen. Mein erster und einziger Ge-
danke war, mir Arbeit zu suchen und dann mit etwas Geld
dieses Land zu verlassen, das mir so viel Unglück bringt.
Ich suche einen Monat ... ich suche zwei Monate ... drei
Monate ... vier Monate ... fünf Monate ... ich suche und
suche, nichts ... »Non tengo ...«. »Tenemos ...«. »Non mi
precica un artista, mi precica un muciacio ...«[20].
Ich gehe zur Tageszeitung »La Patria degli italiani«[21],
sage ihnen: »Ich habe die gesamte Ausstattung für die Foto-
gravüre, gebt mir einen Raum und ein wenig Geld, und ich
arbeite mit meinem Material ...«. Wieder nichts ... Ich gehe
in die Gegend von Moldes, nichts ... Ich gehe bei allen
Graveuren und Fotoateliers vorbei, allen Malereigeschäften.
Nichts.
Und da dachte und sagte ich mir: »Auch ich habe Anrecht
auf ein Leben.«
Jetzt zeige ich der Welt, dass ich kein Abschaum bin, den
man mit dem Besen aus dem Haus kehrt! Ich bin ein
Künstler und beweise es euch. Und ich fing an, den Fünfzig-
Pesos-Schein zu fälschen, damit alle Welt (auf meine
Kosten) entscheiden könne, ob ich ein guter Künstler bin,
und ob ich es denn verdiene, überall fortgescheucht zu

werden wie ein Verrückter oder ein Hund oder wie auch immer!
Jetzt gehe ich ins Irrenhaus!! ... Verurteilt mich ... Ich wollte mich nicht bereichern, sondern mein künstlerisches Talent beweisen. Das ist die Wahrheit.

Die Wahrheit, gewiss. Aber nicht die ganze.

Acht

Nach zwei Monaten in São Paulo traf Paolo Ciulla in Buenos Aires ein, wo die Unzufriedenheit der städtischen Massen zu explodieren drohte: horrende Mieten, grassierende Arbeitslosigkeit, Märsche, Streiks und Proteste aller Berufsgruppen, und sich das fremdenfeindliche Klima unter den Arbeitern immer mehr zuspitzte.

Das herausragende Geschick des Neuankömmlings und sein Vorschlag, neue Technologien zur Bearbeitung der Klischees einzuführen, brachten alle Graveure der Allgemeinen Druckereigesellschaft gegen ihn auf: Sie sahen ihre Arbeitsplätze bedroht und traten in unbegrenzten Streik.

Die argentinischen *gravatores* setzten nicht nur Paolos Kündigung durch, sondern erhielten auch die Zusicherung, dass ihn keine Firma der Druckbranche mehr einstellen würde, diesen »italienischen Revolutionär, der nach Buenos Aires gekommen ist, um ganz gezielt Unruhe zu stiften und die Gesetze der Arbeit und der Gesellschaft in der Republik Argentinien zu unterwandern«.[22]

Paolo machte im Übrigen kein Geheimnis aus seinen Ansichten, er versuchte im Gegenteil, seine Arbeitskollegen im — allen Ethnien und Ideologien offenstehenden — Circolo Action y Vertad zu bekehren, wo sich Anarchisten, Sozialisten, Freidenker und sogar einige altgediente Garibaldiner ein Stelldichein gaben.

Dorthin mitgenommen hatte ihn Juan, der in Patagonien geboren, aber seinen Eltern bereits in frühster Kindheit entrissen worden war. General Roca hatte sie als Gefangene nach La Plata bringen lassen, zusammen mit anderen Indio-Familien, die der Vernichtung während des Wüstenfeldzugs ebenfalls entkommen waren: Die Männer wurden gezwungen, in den Zuckerrohrpflanzungen des Nordens zu arbeiten oder sechs Jahre im Heer zu dienen, die Frauen wurden adligen Familien als Mägde zugewiesen.[23] Und ihre Kinder gab man in ihrer Gegenwart den Erstbesten mit.

Die Familie, die Juan mitgenommen hatte, reichte ihn, da er zu zart und weinerlich war, nach einigen Monaten weiter an ein bescheidenes, kinderloses Arbeiterpaar, die ihn dann als Adoptiveltern bedingungslos liebten und jedes Opfer aufbrachten, um ihn etwas lernen zu lassen.

Paolo hatte ihn bereits kurz nach seiner Ankunft kennengelernt, in einem Lokal voll Ligurer und Piemontesen in La Boca[24], wohin ihn die neue Tangomusik der Schwarzen geführt hatte.

Sie waren die letzten Gäste und strandeten bei Zapfenstreich auf der Straße. Es war weit nach Mitternacht. Zu berauscht von Tango und Wein aus Cordoba, um noch weiterzuziehen, ließen sie sich in einem Hauseingang nieder und warteten auf den Sonnenaufgang. In der nächtlichen Hafenstadt Buenos Aires verwoben sie Landschaften und Geschichten einander ferner und doch verbrüderter Welten: Die sizilianischen

Bauern und Minenarbeiter verbanden sich mit den Indios im Kampf gegen General Roca, die Städte und Landstriche Siziliens mit den Tälern, Bergen und Seen der endlosen Weiten Patagoniens.

An die Stelle der poetischen einheimischen Namen — »Auge Gottes«, »Ruhender Horizont«, »Rosig leuchtender Schnee« — hatte der siegreiche General die von Priestern und Bürokraten seines Gefolges setzen lassen.

»Sie löschen die Erinnerung an die Namen aus, um jeden Widerstand zu ersticken, aber es gibt eine Geheimsprache für Kampf und Widerstand: Alle Nachkommen Inacayals sprechen sie, und alle freien Menschen sind Nachkommen Inacayals«, sagte Juan und erzählte ihm vom Kazike Inacayal[25], der in europäischer Kleidung die Freitreppe des Anthropologischen Museums in La Plata emporgeschleppt und den Argentiniern als Kriegstrophäe präsentiert worden war. Dem Tode geweiht, riss er sich die Kleider vom Leib, verbeugte sich lange in Richtung Süden und richtete in einer geheimnisvollen Sprache Worte an sein verstreutes Volk. Der Kazike war noch am selben Abend gestorben.[26]

Der Freundschaftsfunke sprang sofort über, auf den ersten Blick. Als der Tag und die Trambahnen erwachten, kehrten sie zusammen ins Stadtzentrum zurück, und trennten sich von da an nicht mehr.

Nach der Kündigung wohnte Paolo bei seinem Freund, der vergeblich versuchte, ihm eine Tatsache — Arbeiter gegen Arbeiter — bewusst zu machen, die unerträglich für ihn war. »Biolettos Frau hat nichts damit zu tun: Sie machen das mit Absicht, um uns gegeneinander auszuspielen«, sagte Juan.

»Du bist jetzt gebrandmarkt: Kein Betrieb in Buenos Aires wird dich mehr einstellen. Und wenn, dann nur schwarz und für einen Hungerlohn.«

Doch selbst den verweigerte ihm der Ingenieur aus dem Piemont, der ihn eingestellt hatte, wie schon anderen vor ihm, und so zog Paolo los, um seine Forderung vor der Wohnungstür des Mannes mit einer Eisenstange zu bekräftigen. Die Polizei hatte Mühe, seine Raserei zu bändigen, und steckte ihn in eine Zwangsjacke.

Als er einige Monate und Beruhigungsmittel später aus der Psychiatrie entlassen wurde — abgesehen von seinen unkontrollierbaren Zornesausbrüchen galt er als kerngesund —, keimte die Idee der falschen Pesos in ihm. Er sprach darüber mit Juan, der sie guthieß: Kein Staat verdiene Anerkennung, umso weniger die autoritäre Republik Argentinien, die jeder bekämpfen müsse, wo er nur könne.

Von diesem Augenblick an kannten die Mitglieder des Circolo Action y Vertad keine finanziellen Nöte mehr, weder einzeln noch als Gemeinschaft, und bereiteten sich ohne jede Zurückhaltung auf die große Demonstration vor, der sich neben den städtischen Gruppierungen — Hausfrauen, Handwerker, Köche, Bäcker, Hafen- und Fabrikarbeiter — auch die Landarbeiter aus der Pampa in ihrem Kampf gegen die *terratenientes*, die Großgrundbesitzer, anschlossen.

Ein strenger Ordnungsdienst aus Arbeitern hielt Provokateure in Schach und bremste die allzu Wütenden im langen und bunten Demonstrationszug, der sich am 1. Mai 1909 friedlich die Avenida de Mayo hinunterbewegte. An der Plaza del Congreso löste sich die Spitze plötzlich auf: Verletzte, Blut,

Fahnen und Menschen von Pferden überrannt, Oberst Ramón Falcón hatte zum Sturmangriff gerufen.

Den Genossen von Action y Verdad gelang es, in eine Seitenstraße abzubiegen. Erst als sie sich in die Einbuchtungen der Schaufenster eines großen Kaufhauses pressten, um nicht von der flüchtenden Menge überrannt zu werden, bemerkte Paolo die Blässe und die blutende Schulter seines Freundes. Sie tamponierten die Wunde, so gut es eben ging, und ließen Juan, der schon seit einer Weile im ganzen Land als gefährlicher Subversiver gesucht wurde, am nächsten Tag bei Sonnenaufgang aus Buenos Aires fortschaffen. Er versteckte sich im Karren befreundeter *colonos*[27]: eine lange Reise durch die Pampa, hin zu einer Gemeinschaft, die sich seiner annehmen sollte, politische Exilanten, die seit Ende des 19. Jahrhunderts ihr Hab und Gut miteinander teilten und völlig autark für alles sorgten — Bildung, Gesundheit, Lebensmittel.

Die Arbeiterbewegung wurde brutal unterdrückt: Zirkel geschlossen, Arbeiter verhaftet, Einwanderer ausgewiesen; drei Tage später folgte eine neue Attacke der Polizei mit weiteren Toten unter den achtzigtausend Menschen, die vor dem Leichenschauhaus auf das Begräbnis der Demonstranten des 1. Mai gewartet hatten.

Der Einwanderer Paolo Ciulla war unauffindbar untergetaucht in den riesigen Menschenmassen der Randbezirke von Buenos Aires; fest entschlossen, sich so schnell wie möglich das Geld für die Rückreise nach Europa zu beschaffen.

Doch die Trennung von Juan war für ihn ein unerträgliches Déjà-vu. Während er durch die Straßen wanderte und Fünfzig-Pesos-Blüten wechselte, hörte er auf einmal, wie eine innere Stimme mit langgezogenem, zischelndem Echo nach ihm rief.

»Schluss, Schluss! «, sagte er zu der Stimme.

Bedrohlich kehrte sie zurück, rief nun von außen nach ihm. Vervielfältigte sich im Blick der Passanten, des Mannes, der ihn von der Mauer aus anstarrte. Der dem Plakat entstieg. Ihn verfolgte.

In seinen Albträumen gefangen, bemerkte er die Polizisten nicht. Sie nahmen ihn fest, als er gerade versuchte, neu eingetroffenen Einwanderern ihr Geld in falsche Pesos zu wechseln, zu einem überaus günstigen Kurs.

Aus dem Gefängnis wurde er umgehend in die Forensische Psychiatrie gebracht: Er hüpfte und wälzte sich auf dem Boden herum und sang von früh bis spät. Seine Behandlung übernahmen die Doctores Obdulio Hernández und Augustin Drago — zwei Psychiater, die den neuen therapeutischen Experimenten aus Europa offen gegenüberstanden und den *loco* zum Malen ermunterten. Paolo malte sehr viel: Kopien großer Werke der Vergangenheit — Tizian, Raffael und seinen hochverehrten Mantegna —, aber auch Arbeiten, die ein Abbild des Daseins aus dem überbordenden Strom formten, der, so schien es, in jeden Teil seines Körpers einzudringen suchte und sich bisweilen in impulsiven Gesten, unbändigen Schreien Bahn brach.

Die beiden Psychiater beschlossen, einige der Bilder an einen berühmten Kunstkritiker zu senden, der in seinem Antwortbrief voll des Lobes und der Bewunderung für den Maler war. Es wurde eine Ausstellung in der Psychiatrie organisiert. Der Pulk von Journalisten, der zur Besichtigung kam, verließ die

Räumlichkeiten voller Begeisterung: Alle Bilder wurden verkauft, die großen Gemälde überdies in zahlreichen argentinischen Zeitungen abgedruckt, insbesondere eines, *Argentiniens Triumph*. Es zeigte eine wunderschöne geflügelte Frau, Anna Kuliscioff ähnlich, die einer bunten Schar von Menschen verschiedener Herkunft Schutz bot. Ganz vorn ein Indio: der Kazike Inacayal, der Paolo während der ersten Monate in der Psychiatrie häufig erschienen war und die Botschaft seiner turbulenten Halluzinationen entschlüsselt hatte. Die Wörter *luchar, resistir, confiar* am unteren Rand des Bildes deuteten Journalisten und Leser als Aufbäumen eines Geistesgestörten im Kampf gegen seine Krankheit.

Ein Journalist der Tageszeitung *La Prensa* interviewte Paolo mit Erlaubnis des Gerichts und der Ärzte. Einige Monate lang berichtete die argentinische Presse ausführlich über den »kuriosen Fall des Paolo Ciulla«, und den außergewöhnlichen *móvil*[28], der ihn zur Fälschung getrieben hatte: nicht die Liebe zum Geld, sondern zur Kunst.

Als es wieder still um seinen Namen und die Therapiemethoden der beiden Psychiater wurde, fand sich Paolo noch fremder und einsamer in einem strengen Regelkorsett und zwischen tobenden Verrückten wieder. Vergeblich ersuchte er um Entlassung. Schließlich wandte er sich nach Italien, an Turi, der mit seinem Bruder Pietro, dem Abgeordneten, über ihn sprach. Dieser wiederum trug die Angelegenheit an den aus Catania stammenden Außenminister heran, den Marchese di San Giuliano — der in jenen Monaten gemeinsam mit Giolitti große Anstrengungen unternahm, um Italien aus dem Krieg herauszuhalten. Aufgrund seines plötzlichen Tods zogen sich die Verhandlungen um Ciullas Heimkehr über weitere zwei Jahre hin.

Ende August 1916 wurde Paolo endlich entlassen, unter der Auflage, sich sofort auf dem nächsten Dampfer, dem *Principe di Udine*, Richtung Italien einzuschiffen.

❦ ❦ ❦

Paolo Ciulla saß nun täglich neben einer Fensterfront, über die gleißend der Widerschein des Atlantiks flirrte, und speiste ohne Hast, häufig in Gedanken an seine unsichere Zukunft.

Er wusste nicht, was er bei seiner Rückkehr nach Catania tun würde; im schlimmsten Falle blieb ihm noch das verwaiste Elternhaus in Caltagirone: eine Möglichkeit, die er sofort verwarf, als die Bilder einer verdrängten Vergangenheit quälend in sein Bewusstsein zurückfluteten.

Das große, spontane Fest auf der nächtlichen Piazza, er im Triumph, getragen von Arbeitern und Tagelöhnern. Colas Verhaftung und Tod. Seine Flucht aus der Stadt. Da war es wohl besser, auf der Straße Passanten zu zeichnen.

Auf dem Dampfer schloss er Freundschaft mit einer Gruppe junger Männer, die auf dem Weg an die Front waren; abends sang er oft bis spät mit ihnen, wobei er innige Blicke mit Rino tauschte, einem lebhaften Neapolitaner, der zwei Monate später auf dem Pasubio-Massiv erfrieren sollte.

Eines Nachts schließlich das erregte Wiedererkennen ihrer Körper zwischen dem Stampfen der Maschinen und dem tintenschwarzen Meer.

Neun

Hätte der Mann sich in jenem stürmischen Dezember des Jahres 1916 selbst sehen können — mit seinem langen Mantel, der Gitarre unter dem Arm und dem von einem Schlapphut verschatteten Gesicht —, würde er die versunkene Pose einer kleinen Skulptur wiedererkannt haben, vor der er, der Kunststudent, in einer Ausstellung in Rom lange verweilt hatte, als spräche etwas im Unglück dieses *Straßensängers* auf rätselhafte Weise unmittelbar zu ihm.

Auf der Piazza Quattro Canti blieb er vor den Schaufenstern der Buchhandlung Giannotta stehen und stimmte einen argentinischen Tango an.

Sein Tenor drang durch die Fensterläden der Häuser an der Via Etnea, bahnte sich einen Weg in die barocken Salons, überwand die Schaufenster der Buchhandlung, wo er einen Mann aufhorchen ließ, der gerade in gewohnter Runde mit drei Freunden Karten spielte.

»Was für eine Interpretation!«, kommentierte De Roberto.

»Eine Zeit der Lieder und aufgehaltenen Hände«, antwortete Verga, das Spiel fortsetzend.

Erneut setzte prasselnder Regen ein, und die Stimme verlor sich in der Stadt, in Kälte und Krieg.

Er schloss die Augen, hielt sich die Ohren zu, aber das Zahnrad zerhackte alles — Paris, Buenos Aires, die Schreie der Verrückten in der Psychiatrie — und trug ihn zum Ausgangspunkt zurück: unter die Honoratioren und an allen Ecken lungernden Bettler der Stadt seiner Kindheit, aus der er so schnell wie möglich fortgehen wollte, Turis Beharrlichkeit zum Trotz. Er hatte ihn sofort nach seiner Rückkehr besucht, von seiner Odyssee erzählt, und ihm die Bilder gezeigt, die in Argentinien entstanden waren.

»Du bist ein großer Künstler: Hier, hier musst du bleiben. Über meinen Bruder werden wir in Rom einen Mäzen finden. Catania, im Krieg, was hast du da zu suchen?«, hatte Turi überschwänglich gesagt und ihm ausführlich von den tiefgreifenden Veränderungen berichtet, die sich in der Zwischenzeit in Caltagirone vollzogen hatten, wo beide Parteien — Libertinis Konservative und Milazzos Radikale — nun den Priester Luigi Sturzo unterstützten, der die Stadt seit über zehn Jahren energisch verwaltete[29]. Im Parlament saß nach Arcoleo jetzt der Giolitti treu ergebene Libertini, der bis zum Krieg als Mittler und Friedensstifter zwischen Sturzo und dem Ministerpräsidenten fungiert hatte. Giolitti war schlimmer als

Crispi, da er sich in allen Rathäusern auf die Sieger gestützt hatte: in Catania auf den Sozialisten De Felice — der kein Sozialist mehr war, weil man ihn nach seiner Befürwortung des Libyenkrieges aus der Partei geworfen hatte; in Caltagirone auf Sturzos Katholiken; und in ganz Sizilien auf Honoratioren und Mafiosi, was jeden Wandel blockierte.

Während sie auf dem Corso flanierten, blieb Turi stehen, um sich angeregt mit Sturzo zu unterhalten und diesem das doppelte Spiel seiner Partei vorzuwerfen — Hilfen für die katholischen Bauern, und ungebrochene Macht für die Honoratioren.

»Was für ein Parteienleben ist das nur?«, fragte Turi polemisch.

»Was ist an diesem Leben denn parteiisch?«, entgegnete der Priester streng und grüßte Paolo zerstreut, als hätte er ihn nie zuvor gesehen. »Das Leben des Zentrums bewegt sich nun einmal zwischen zwei Polen: Wir wenden uns dorthin, wo das Beste wartet, ohne politisches Vorurteil und kategorische Ablehnung. Die einzig mögliche Zukunft für Italien, wenn wir nicht im Chaos des sozialistischen Atheismus versinken wollen.«[30]

Schließlich berichtete Turi ihm auch von der Konversion des erklärten Freimaurers Arcoleo, der sein Leben in einem Kloster in Neapel beschlossen hatte, und vom grausigen Tod Mario Milazzos, der 1910, in einem Hotel in Palermo, von einem Aufzug zerquetscht worden war. Auch er hatte irgendwann Sturzo unterstützt, aber bis zuletzt für die Aufteilung der Ländereien an die Bauern gekämpft.

Paolo widerstand Turis Drängen und kehrte nach Catania zurück; doch der Gedanke, wie Mario zu Tode gekommen war, ließ ihn nicht mehr los. Seine unvoreingenommene, mitreißende Vitalität hatte er an ihm ebenso heftig geliebt wie gehasst: glühendes Magma aus Demagogie und Wahrheit, zügellosem Ehrgeiz und Gerechtigkeitsdurst. Wie bei De Felice. Wie, in anderer Hinsicht, bei ihm selbst, der sich versteckte, sein Anderssein verleugnete: einen widernatürlichen — für ihn natürlichen — Trieb, der sich stürmisch Bahn brach, allen Schein beiseite fegend; ein Ausgestoßener, der jedes Mal gezwungen war, andernorts neu anzufangen, und nun, mit fast fünfzig Jahren, als Bettler und Fremder in eine Stadt zurückkehrte, die er nicht wiedererkannte.

Catania war nicht mehr die Heitere und Barocke, wie er sie vor zehn Jahren verlassen hatte, sondern schwarz von Lavaschlacke und freudlos; vom Mailand des Südens, Stadt der Musikliebhaber und der Industrie, das Turi ihm in seinen Briefen geschildert hatte, fand er keine Spur. Selbst die Jugendstilgebäude schienen unter einer Schicht aus Erschöpfung und Armut, wie sie sich in den zwei Kriegsjahren über alles gelegt hatte, zu zerbröckeln.

Und nach dem Krieg war es nur noch schlimmer: die Fabriken geschlossen, das Schreckgespenst der Spanischen Grippe, hungrige Massen, die aus den Vorstadtvierteln — San Cristoforo, Fortino, Picanello — in Richtung Zentrum strömten, auf der Suche nach irgendeiner Arbeit, die das Überleben sichern würde; wie er es im Übrigen selbst in den ersten Monaten nach seine Rückkehr getan hatte.

Nachdem er die Idee einer Fotowerkstatt vorläufig aufgegeben hatte, ihm fehlten schlichtweg die Mittel, versuchte er sich in allem Möglichen — als Sänger argentinischer Tangos, Straßenmaler, Graveur — und trieb nur mit Mühe das Geld für die ein oder andere Mahlzeit auf.

Er fragte auch Santi nach Arbeit.

»Das Wenige, was ich habe, reicht nicht einmal für mich«, antwortete ihm sein früherer Kommilitone peinlich berührt und fügte hinzu — aus Angst, er könnte am nächsten Tag gleich wieder auftauchen: »Meine Frau, du weißt ja ... frag doch bei Don Stefano nach, sicher kann er dir helfen.«

»Geh doch selber hin, wenn du so wenig zu tun hast«, lautete Paolos bissiger Abschiedsgruß. Erneut fragte er sich, wie die beiden wohl zueinander standen; Santi tat zwar unschuldig, doch musste er über Don Stefanos Aktivitäten Bescheid wissen, ihm vielleicht sogar zur Hand gehen, wenngleich er als Künstler zu mittelmäßig war — nie einer Versuchung nachgab, nie ein Wagnis einging —, um einen guten Fälscher abzugeben.

Einige Jahre vor seiner Abreise nach Paris hatte er auf Santis Bitte hin ein Portrait von ihm gefertigt, das dieser dann wutentbrannt abgelehnt hatte; damals war Santis Hass aufgeflammt, als hätte er in jenem überheblichen Blick, in den zusammengepressten Lippen die eigenen uneingestandenen Wünsche erkannt, und sein Unvermögen als Kolorist, der niemals ein Künstler sein würde.

An seinem fünfzigsten Geburtstag dann hatte Paolo, lange vor dem Spiegel versunken in seine düsteren Gedanken und seinen erloschenen Blick, einen Entschluss gefasst. Er ging zu Don Stefano, der ihn wie einen wiedergefundenen Freund aufnahm, ohne jegliche Anspielung auf ihr früheres Zerwürfnis, und ihm von der Tochter erzählte, die nun glücklich mit einem Graveur verheiratet war. Er beauftragte ihn sofort mit dem Portrait seiner im Sterben liegenden Frau und legte ihm nahe, nicht wieder zu verschwinden: Nach dem Tode seiner Frau — eine Frage von Tagen — wollte er das Gespräch wiederaufnehmen, das vor Paolos Abreise abgebrochen war, und ihm, gemeinsam mit anderen Freunden, die besten Gerätschaften zur Verfügung stellen.

Zwei Wochen später fand Paolo sich in einem abgelegenen kleinen Haus in Pedara wieder, mit allem, was er zum Fälschen des Fünfzig-Lire-Scheins brauchte; eine neue Version, äußerst schwierig nachzuahmen.

Monatelang versuchte er es — ganz auf sich gestellt — wieder und wieder, perfektionierte jedes Detail, während sämtliche Alltagssorgen verschwammen, abgedrängt an den Rand seines Bewusstseins. Schließlich entdeckte er, dank einer Mischung aus Tierfetten, die er zum Kochen brachte, das Geheimnis einer perfekten Nachbildung des Wasserzeichens.

Der Besitzer des Hauses in Pedara wurde verhaftet — man überraschte ihn, als er versuchte, illegal eingeführte Kleie in ein kleines Dorf am Ätna zu schmuggeln — und die Werkstatt wurde nach Catania in die Kellerräume von Santis Wohnhaus verlegt. Eine Zeit lang zeigte Santi sich Paolo freundlich zugewandt, kam oft herunter, um sich zu erkundigen, wie es mit der Arbeit voranging. Doch Paolo wich ihm aus — das Geheimnis dieser komplizierten Fälschung gehörte ihm, ihm allein. Santi begriff und wurde wieder feindselig. Er verweigerte ihm sogar die Hilfe eines seiner jungen Gesellen, der ihn nach Hause begleiten sollte. Denn ätzende Pulver, Säuren und Lösungsmittel schädigten, zusammen mit der mühsamen Gravurarbeit und seinem hohen Blutzucker — ein Erbe des Vaters —, unwiederbringlich Paolos Augenlicht.

Als die Banknoten nach getaner Arbeit kurz vor dem Druck standen — abgesehen vom etwas zu dicken Papier war alles perfekt —, brachten Don Stefano und seine Freunde die Klischees an sich und verjagten Paolo, den sie für einen nutzlosen blinden Fälscher hielten; um den Druck kümmerte sich nun Santi, der keinen Verdacht auf sich lenken und die Werkstatt wieder nach Pedara verlegen wollte.

Paolo verschwand spurlos, anders als es seine ehemaligen Partner erwartet hatten. Ein Falschgeldhändler wusste ihnen zu berichten, er arbeite nun auf eigene Faust; eine unglaubwürdige Neuigkeit, wie sie fanden: Was konnte er schon tun, blind, wie er war?

Nur Santi erzählte, wie Paolo einmal gegen Mittag bei ihm zu Hause aufgetaucht war, ihn und seine Frau beschimpft und zum Abschied »Als Christus bete ich dich an, als Holz spalte ich dich!« gerufen hatte.[31]

Paolo saß an einem Tischlein vor dem Café Tricomi und hielt unter wildem Gestikulieren stumme Selbstgespräche, vor sich ein Eis, das nicht zur Jahreszeit passte.

Er führte die Zeitung ganz dicht an die Augen heran, um sie plötzlich angeekelt wieder wegzuhalten. »Sie haben sich abgesprochen, die Dreckskerle«, dachte er erbost, während Passanten beunruhigt die Straßenseite wechselten. Er bemerkte die Verunsicherung und spürte, dass seine Gesten den ursprünglichen Zusammenhang seiner Gedanken verließen und eigenmächtig ihres Weges gingen, doch er konnte nichts dagegen tun. Er war wütend. Völlig außer sich.

Mit den »Dreckskerlen« meinte er an jenem Morgen Ende März 1920 insbesondere die Industriellen, die den Verband Confindustria gegründet hatten, um vereint den aufbegehrenden, die Betriebe besetzenden Arbeitern entgegenzutreten; aber die Beschimpfung schloss alle ein: Gutsbesitzer, Adlige, Priester, Herrscher, Minister, Generäle und seinen Ex-Genossen Mussolini, den die Katholiken und Sozialisten bei den Wahlen in Mailand im vorigen November geschlagen hatten. Ebenfalls Dreckskerle, folgerte er, aber mit einer Art inneren Atemanhaltens, einem uneingestandenen Schuldgefühl.

Er warf die Zeitung zu Boden und kehrte zurück zu den Resten im Eisbecher und dem Problem, das ihn seit Tagen quälte: Alles stand nun bereit für den Fünfhundert-Lire-Schein, Pressen, Tinte, Säure, Kleber, Walzen, Klischees — alles, bis auf das richtige Papier, leicht und gerade leimig genug, das er noch immer nicht gefunden hatte.

Während er den kleinen Teller in der Hand hielt, berührten seine Fingerkuppen den Rand des Blättchens unter dem Eisbecher; er spürte jede Faser mit ihrer Porosität, Konsistenz, den kaum merklichen Erhebungen und Vertiefungen.

»Das da. Das ist es!«, rief er laut und fühlte sein ganzes Leben erlöst in diesem feuchten Papierrand zusammenströmen: sein jahrelanges, leidenschaftliches Studium an der Akademie und seine oft geringgeschätzte Kunst; seine vielen Spaziergänge durch die Straßen von Buenos Aires, von Paris; die Gesichter der Genossen — nie überwunden —, die wiederkehrten, an verzweifelten Tagen wie in schlaflosen Nächten, um ihm zu zeigen, worin der Sinn ihres Todes und der Zweck seines Lebens lag. »Verfluchtes Geld«, dachte er.

Ob seiner Bitte sah ihn der Kellner verdutzt an, kehrte aber kurz darauf mit einigen papiernen Untersetzern zurück. Dann ging er weiter zu einem anderen Tisch, froh darüber, dass in Zeiten großer Not und übergroßen Geizes Verrückte wie dieser hier unterwegs waren. Er hatte ein Trinkgeld bekommen, das zehnmal so hoch war wie der Preis des Eises. An diesem Abend sollte seine verhärmte Tochter, die das karge Essen über hatte, fürstlich speisen.

Auf seinem Weg zur Piazza Università half Paolo sich mit dem Stock, um nicht auf dem tückisch maroden Pflaster der

Via Stesicoro Etnea zu stolpern. Er schlug einen großen Bogen um die tägliche Schar von Demonstranten und erreichte schließlich die Mietkutschen, die an einer Seite des Platzes warteten.

Während er in einer Kutsche die Stadt durchquerte, sah er, wie ein Regen aus Fünfhundert-Lire-Scheinen, himmelblau und violett, auf Straßen, Gebäude, Plätze, Krankenhäuser, Banken und stillgelegte Fabriken niederging.

Später gelangten zwei solcher Banknoten auf anonymem Wege in eine Parterrewohnung am Fischmarkt an der Stadtmauer Karls V. Dort lebte Annetta, eine arbeitslose Dienstmagd, mit ihren drei Kindern; einige Monate zuvor hatte ein Passant sie den Rädern einer dahinratternden Trambahn entrissen, unter denen sie den Tod gesucht hatte. Und zu ihrer großen Schande war die Nachricht samt ihrem Namen und ihrer Adresse fettgedruckt im *Corriere di Catania* erschienen.

Der Brief, den der Postbote ihr überbrachte, stürzte sie in helle Aufregung; sie hatte nur dreimal in ihrem Leben Post bekommen: erstens den Einberufungsbescheid ihres Mannes; zweitens eine Ansichtskarte mit dem aufgedruckten Satz »Mein Schatz, ich komme bald heim«, den sie abends im Bett, neben sich die schlafenden Kinder, unter Tränen Wort für Wort buchstabierte; drittens die Nachricht von der Erschießung ihres Mannes »wegen mangelnder Tapferkeit und Selbstverstümmelung«. Woraufhin man ihr jegliche Witwenbeihilfe verweigert hatte.

Sie stritten lange, Annetta und der Postbote, der angesichts ihrer Abwehr drohte, die Carabinieri zu rufen. Schließlich nahm sie den Brief, sich und jenen Unglückseligen verfluchend, der sie am Sterben gehindert hatte. Da sie als Absender keine Behörde oder dergleichen entdeckte, fasste sie ein wenig Mut und öffnete den Umschlag. Ungläubig hielt sie die beiden Fünfhundert-Lire-Scheine gegen das Licht: Im Oval glänzte klar und deutlich das Wasserzeichen mit dem Kopf der Justitia.

Hastig schob sie sich die Scheine unter das Brusttuch, und spürte sie dort jede Sekunde, den ganzen Nachmittag und die schlaflose Nacht über in verschwenderischer Pracht an ihrem Busen pulsieren. Am nächsten Tag ging sie einen der Scheine wechseln und konnte dann das Haus mit Essen und Medizin füllen. Fast zwei Jahre lang ereignete sich das Wunder, pünktlich, jeden Monat.

Zwischen Frühjahr 1920 und Herbst 1922 strömte eine mildtätige Flut anonymer Fünfhundert-Lire-Scheine in die Häuser vieler Notleidender in Catania und Umgebung; sehr viele mehr noch legten sich auf Straßenbahnen, Kutschen, Züge, Karren und Dampfschiffe — verteilt durch Maria Guerrera, eine junge Frau, von der sich Paolo Ciulla, nun fast gänzlich erblindet, beim Dosieren der Farben und bei der Verbreitung helfen ließ — und durchquerten, in den Händen wissender Geldhändler, oder unwissender Kaufleute und Emigranten, die Alte und die Neue Welt. Niemand argwöhnte je, dies könnte Falschgeld sein.

In zwei Jahren einsamer Arbeit brachte Paolo rund zwanzigtausend Banknoten in Umlauf, geschenkten Reichtum, zum Großteil in Catania, einer Stadt, die in jenen Jahren — wie ganz Italien — tief in einer Wirtschaftskrise steckte, mit ausgehungerten, revoltierenden Massen und faschistischen Schlägertrupps, die Parteisitze, Handelskammern und Gewerkschaftsbüros verwüsteten.

DRITTER TEIL

Vorsitzender: »Ich habe verstanden, jede Farbe ...«
Ciulla: »... jede Farbe hat ihren ... Geschmack.«

(Anhörung vom 26.10.1923)

Zehn

Nicht seine Fünfhundert-Lire-Scheine hatten den Fälscher Paolo Ciulla verraten: »ein künstlerisches Meisterwerk: vollkommener und besser geprägt als die der Notenpresse«, wie die Experten der Banca d'Italia im Nachhinein bestätigten, beeindruckt von der perfekten Nachahmung des Wasserzeichens, »unverfälschlich und dem der echten Banknoten sehr ähnlich«, und vor allem von der des Staatssiegels, »ausgezeichnet gelungen und ... vom echten fast ununterscheidbar«.

Es hatte ihn auch nicht etwa ein anonymer Brief aus der Feder seiner ehemaligen Partner bei der Polizei angeschwärzt, wie er nach seiner Festnahme vermutete.

Der Zufall war ihm auf die Spur gekommen, als die Fälscherbande ausgehoben wurde, die in Palermo, am Monte Pellegrino, einige Zeit zuvor auf frischer Tat ertappt worden war; eine aufsehenerregende Polizeioperation unter dem Kommando eines amerikanischen Polizisten, Lieutenant Fischietti, der im Auftrag seiner Regierung zur Flut von Blüten ermittelte — nicht nur Lire, sondern auch Dollar —, die zusammen mit den Emigranten von den süditalienischen Häfen in Palermo und Neapel aus in die USA schwappte.

Unter dem beschlagnahmten Material befand sich eine Liste mit Falschgeldhändlern, von denen zwei — Antonio Guerrera und seine Tochter Maria — aus Catania stammten, wo vermutlich die Hundert-Lire-Blüten fertiggestellt wurden, die man in Palermo gefunden hatte.

Taddeo Gulizia von der Königlichen Garde, Kommissar des Stadtteils, in dem die beiden Geldhändler lebten und sich mutmaßlich auch die Fälscherwerkstatt befand, nahm alle Untersuchungen wieder auf, die seit Anfang der zwanziger Jahre eingeleitet worden waren.

Als er sich die Protokolle und die Beweiserhebungen noch einmal durchlas und erneut mit Informanten sprach, tat sich ihm von den Guerreras ausgehend ein Dickicht weiterer Händler auf, unter ihnen Carmelo Chiarenza, der dickste Fisch, der gerade wegen Falschgeldhandels in Tripolis im Gefängnis saß.

Von da an war er auf der Stelle getreten; bis zu Gervasis Nachforschungen und Ciullas Identifizierung durch Petralia, die es ihm ermöglicht hatten, die Fäden der Vergangenheit mit denen der Gegenwart zu verknüpfen. Und bis zu jenem Morgen, an dem die Polizei in Ciullas Haus eingedrungen war. Die Werkstatt dort war jedoch nicht die gesuchte, und der Fälscher überaus sonderbar — stundenlang sprach er mit dem Staatsanwalt und unterstrich mit erstaunlichem Nachdruck nicht nur den zivilen Ungehorsam seiner Umtriebe, sondern auch sein künstlerisches Talent.

Signieren konnte er sein Meisterwerk allerdings nicht.

In einer Art kathartischem Befreiungsakt erzählt Paolo Ciulla den sagbaren Teil seiner Lebensgeschichte, und beschreibt schließlich ausführlich jedes kleinste Detail seiner Fälscherarbeit vor und nach dem Krieg, bis hin zu seiner letzten, einsamen Unternehmung, nach dem Rauswurf durch seine Partner.

Mit nur tausend Lire hatte er sich damals verbissen wieder an die Arbeit gemacht, in einer für wenig Geld gemieteten Behausung an der Piazza Maravigna, wobei er den Verlust des Augenlichts mit seinem außergewöhnlichen visuellen Gedächtnis und einem hochentwickelten Tast- und Geschmackssinn wettmachte — jede Farbe habe ihren Geschmack, so erklärt er dem sprachlosen Staatsanwalt Attisani. Als er bemerkte, dass er beschattet wurde — nur mit Mühe konnte er eines Abends zwei Männer abschütteln —, zog er in die Vorstadt. Trotz seiner extremen Kurzsichtigkeit meisterte er sein Handwerk hervorragend, mit Maria Guerrera und ihrem Vater Antonio an seiner Seite, die ihm unter anderem beim Dosieren der Farben halfen; sie hatte er nun schon vor einer Weile fortgejagt, weil sie zwei Fälschern aus Palermo beim nächtlichen Einbruch in sein Haus geholfen hatten. Mit gezückten Waffen hatten ihm die Eindringlinge das Geheimnis des Wasserzeichens abgepresst, dessen Herstellung — kochendes Tierfett in einem großen Topf — dafür verantwortlich war, dass er in der Nachbarschaft als »Mavaro« galt. Von diesem Moment an hatte er sich allein um alles kümmern müssen, auch um die tägliche Lieferung kleiner Geldbündel an Carmelo Chiarenzas Frau, die in Abwesenheit ihres Mannes — seit jeher Händler des Vertrauens für ihn und seine ehemaligen Partner — die Verteilung übernommen hatte. Seine Enthüllungen beinhalteten Namen, präzise Angaben und ausführliche Beschreibungen.

Einige Stunden später hob die Polizei zielsicher eine Fälscherwerkstatt in Pedara aus, die nicht nur den Fünfzig-Lire-Schein produzierte, sondern auch die Hundert-Lire-Banknoten aus Palermo fertigstellte, während man im Haus des Malers Santi Cacciaguerra einen Zylinder und Papierrollen für den Druck fand. Helfer, Fälscher, Händler, sie alle wurden festgenommen.

Zwei Tage später brachte der *Corriere di Sicilia* eine ganze Seite, eher eine Erzählung als ein Artikel, mit dem Titel *Die abenteuerliche Aufdeckung der Fälscher*.

Prozessakten und Gerichtsreportagen spielten seinerzeit eine überaus wichtige Rolle: Häufig handelte es sich um mitreißende, fabulierende Rekonstruktionen, in die Interviews, Gerüchte, Hypothesen und Karikaturen eingebaut waren. Im fraglichen Artikel entzündet sich die Phantasie des Journalisten an der Geschichte des Fälschers, des »Mavaro« oder »geheimnisvollen Ritters«, wie er ihn nennt: »Er behauptet, ein

Maler zu sein, ein Künstler, den die Gesellschaft, die menschliche Niedertracht, vorsätzlich in Vergessenheit und Elend hat versinken lassen wollen. Und so rebellierte er: Er war begabt, er war willens. Und er gewann. Nach einer schmerzlichen, elendigen Pilgerreise durch Südamerika hat er gewonnen.«

Über die *Pilgerreise* wurde in jenen Tagen viel geschrieben: Phantastereien, halbe und ganze Wahrheiten über den kuriosen Fall des Paolo Ciulla, der sich von Sizilien aus schnell in der gesamten italienischen Presse verbreitete. Da hieß es zum Beispiel — zu seiner Persönlichkeit passend —, anlässlich der Einweihung einer Garibaldi-Statue habe er Buenos Aires mit Plakaten pflastern lassen, auf denen ein Zehn-Pesos-Schein mit Garibaldis Konterfei zu sehen gewesen sei; es hieß auch — was eher unwahrscheinlich war —, er habe, zu großem Reichtum gekommen, eine wunderschöne Frau geheiratet.

Der Artikel des Folgetags skizziert — mit einem Pathos, das an D'Annunzio erinnert — den Charakter eines »Vollblutkünstlers«, »der, wiewohl im Abgrund des Verderbens versunken, sich einen Funken Unschuld in seiner Seele bewahrte, mit dem er das Feuer seiner Liebe zur Kunst weiterhin am Brennen hält«; ihm gegenübergestellt wird Santi Cacciaguerra als »gemeiner Typus des kleinen Geschäftemachers, ein wenig Makler, ein wenig Kaufmann, ein wenig Sekretär, ein wenig Künstler«, der in seiner freien Zeit Wohnungen verziert, mit eben noch passablen Ergebnissen. »Seine schlichte Kleidung«, so schließt der Journalist kryptisch, »steht in sonderbarem Gegensatz zur luxuriösen Eleganz seiner Ehefrau.«

Der Artikel enthält auch Andeutungen über »Schandflecken«, »anormale Leidenschaften« Paolo Ciullas, die jedoch mit seiner künstlerischen und politischen Ernüchterung zu rechtfertigen sind, und mit dem Begriffspaar von Genie und Unbändigkeit: »Als er, stolz, rebellisch, keine andere Autorität als die selbst erwählte duldend, verstand, dass er sich mit seinen Hoffnungen begnügen musste, erfasste ihn ein Rebellionsgeist, der sich gegen alles und jeden richtete. Nach und nach besudelten Schandflecken sein bis dahin unbescholtenes Leben«; und abschließend: »Sicherlich unterscheidet sich die Persönlichkeit dieses Mannes, mit menschenfreundlichem Auge betrachtet, von der eines gewöhnlichen Verbrechers; er gleicht eher einem Wrack, das von der Wucht der Wellen gegen die Klippen des Lebens geschleudert wurde, als einem Kriminellen, der seine einzige, vorherrschende Berufung im Verbrechen sieht; er scheint eher Opfer als Schuldiger zu sein.«

Die missgünstige Aussage seines Bruders Vincenzo, zu dem er den Kontakt schon vor Jahren abgebrochen hatte, bekräftigt unabsichtlich das Bild des rebellischen, unverstandenen Genies: »Schon in seiner Jugend beging er häufig derartige Verrücktheiten, dass auch diejenigen, für die er sich selbstlos abmühte, ihn seinem Schicksal überließen.«

»Paolo Ciulla«, schreibt die Zeitung am 21. Oktober — und gibt der Volksphantasie, die längst in Bann geschlagen ist von der Figur des Fälschers, noch weitere Nahrung mit dem tröstlichen Mythos vom edlen Räuber, der den Reichen nimmt und den Armen gibt —, »ist ein Ausnahmeverbrecher, wie sonst keiner existiert, wie es vielleicht noch nie einen gab«, weil er

»als Menschenfreund ... aus Rache an der Gesellschaft gefälschte Millionen auf den Markt warf«.

Und so fort, bis zum Morgen des 2. November 1922, als ein Strafkommando Büros, Maschinen und Druckerei des *Corriere di Sicilia* zerstört, der in seiner aktuellen Ausgabe mit Nachdruck anprangert, dass die Faschisten am Tag von Allerheiligen das Rathaus, die Provinzialverwaltung und die Handelskammer besetzt haben.

Am 7. Dezember kann die Zeitung wieder erscheinen.

Doch da ist schon alles unwiederbringlich anders. Die Presse ist geknebelt — ein Knebel, der 1924 fest verankert wird —, die Institutionen sind von den Faschisten besetzt; am 24. November verleiht das Parlament Mussolini Sondervollmachten, die zwar bis Ende Dezember 1923 befristet sind, jedoch endgültig in die Diktatur führen.

Elf

Der Prozess gegen den Fälscher Paolo Ciulla begann ein Jahr später, am 23. Oktober, vor der fünften Strafkammer des Gerichts von Catania.

Im Käfig der Angeklagten landeten, neben all den anderen, Vater und Tochter Guerrera, der Graveur Stefano Milazzo — den trotz seines Nachnamens nichts mit Mario Milazzo aus Caltagirone verband — und der Maler Santi Cacciaguerra.

Ciulla hingegen wurde außerhalb des Käfigs platziert, neben drei Studentinnen und Giovanni Grasso, einen berühmten hiesigen Schauspieler, die alle sein Verhalten beobachten wollten. In Erwartung des Verhandlungsbeginns unterhielt sich der Fälscher — der einzige Geständige — mit den Journalisten und verteilte währenddessen Autogramme, kleine Zeichnungen und Zettel an die ihn umlagernden Schaulustigen.

Die Verteidigung war aufgebläht: zwei Anwälte pro Angeklagten.

Und alle stürzten sie sich auf den Fälscher, der seine Mittäter benannt hatte: Seine Aussagen sollten entkräftet, ihre Mandanten entlastet werden.

Paolos eigentlicher Gegenspieler war Santi Cacciaguerra; nicht der ständig sich beklagende und eingebildete Santi selbst, sondern einer seiner Anwälte: Giovanni Albanese.

Auch Ciulla erhielt zwei Verteidiger — die Anwälte Raffaele Savarese Piccichè und Salvatore Riolo.

Doch sein wahrer, überaus wirkungsvoller Verteidiger war er selbst.

Während der Verhandlung drängte eine unkontrollierbare Menschenmenge in den Saal und bis in den für Richter und Verteidiger reservierten Halbkreis hinein; aber es war eine kleine Ansammlung, verglichen mit den Massen, die zwischen den Überresten des Amphitheaters auf der Piazza Stesicoro darauf warteten, dass der Fälscher das Gericht betrat und es wieder verließ. Sehen wollten sie ihn, ihm Blumen zuwerfen, ihn bejubeln. In der unerfüllbaren Hoffnung, ihn zu berühren: etwas von der magischen Kraft seiner Hände zu erhaschen, ein Wunder herbeizuführen, überraschende Fortüne, Wohlstand, der in jenem Jahr 1923 — mit einem voraussichtlich bis 1988 abzutragenden Berg von Kriegsschulden und einer Arbeitslosigkeit, die sich in zwei Jahren versechsfacht hatte — ein unerreichbares Trugbild war.

Innerhalb und außerhalb des Gerichts wurde ein imposanter Ordnungsdienst postiert, um die Begeisterung zu zügeln, die der *Corriere di Sicilia* als »sensationslüsterne, unentschuldbare Neugier der sich lärmend im Verhandlungssaal drängenden Menge« verunglimpfte.

Die Haltung der Lokalzeitung gegenüber Ciulla hat sich im Vergleich zum Vorjahr ins Gegenteil verkehrt: Ob Erscheinungsbild, Moral oder Psyche — der Fälscher wird nun an allen Fronten attackiert. So ist er kein »Ausnahmeverbrecher« mehr, sondern eine »äußerlich wenig ansprechende Figur«, »schmächtig, klein, kränklich«, »mit spöttischem Witz, der einem solch uninteressanten Delinquenten schlecht ansteht«, während der Prozess als »Episode eines vollkommen trivialen, gewöhnlichen Verbrechens« abgeurteilt wird, »um das die blühende Phantasie der kleinen Leute eine ganze Reihe von Legenden und falschen Behauptungen gesponnen hat«. In einem Klima, in dem die Faschisten alle mit eiserner Hand unter ihre Ordnung zwingen, möchte sich die Zeitung womöglich von einer Figur distanzieren, die prototypisch für jede Form von Abweichung steht — politisch, künstlerisch, sexuell gesehen.

Das zurechtgestutzte Urteil der Journalisten kann den kollektiven Begeisterungstaumel, der den Fälscher während des Verfahrens begleitet, nicht im Geringsten schmälern. Die Öffentlichkeit scheidet sich nicht wie üblich in Verfechter von Schuld und Unschuld, sondern steht geschlossen und mit Inbrunst auf seiner Seite: ein Künstler, den Gerechtigkeitsdurst zur selbstlosen Rache an einem tauben, abwesenden Staat treibt; sein Verhalten während der Verhandlung bestärkt diesen Mythos noch. Privilegierte Darsteller sind hier normalerweise die Anwälte, mit ihren Verhören, ihren Plädoyers.

In diesem Prozess dominiert Paolo das Geschehen auf der Bühne. Die Festnahme, das Geständnis und die große Öffentlichkeit rund um seinen Fall wirken befreiend auf ihn. Sein Leben lang in sich gekehrt und verschlossen, tritt er nun offen und gesprächig in Kontakt mit dem Vorsitzenden, den Anwälten, den Zeugen; er weist auf Verfahrensfehler hin, greift ständig in die Verhöre ein, tadelt den Vorsitzenden für einige unbeabsichtigte Auslassungen, beschließt und beschießt die Auftritte der sechzehn gegnerischen Anwälte mit der beißenden Ironie seiner Kommentare, zur Freude des Publikums und zum Ärger der Verteidiger und des Staatsanwalts. Giovanni Albanese wird ihn höchst irritiert »den Herrn Anklagevertreter Ciulla« nennen, Staatsanwalt Ferroni wird noch aufgebrachter »Ciulla vertritt mich« rufen. Eine Diva.

Nun, da sein Leben auf der großen Bühne des Prozesses erzählt wird, scheint es die Anonymität, das durchlittene Unrecht, die missachtete Andersartigkeit abzuschütteln und einen umfassenden Sinn zu erlangen, ein Ideal auszudrücken: den Triumph der Wahrheit und damit auch den seiner eigenen künstlerischen Größe; er wird sie mehrmals mit Genugtuung öffentlich unter Beweis stellen.

Als Santis Verteidiger Paolo bezichtigt, er täusche die Blindheit nur vor, und als Beweis eine der hervorragenden künstlerischen Arbeiten anführt, die er mit Zahnstochern und Brotkrume während der Haft angefertigt hat, bildet er sie mit verbundenen Augen auf einem Stück Karton nach; dann bittet er den Urkundsbeamten näherzukommen, berührt dessen Gesicht und zeichnet eine exakte Wiedergabe seiner Züge. In einer anderen Phase des Prozesses wird er selbst als Sachverständiger aufgerufen. Er erklärt die Funktion der herbeigeschafften Klischees, Lupen, Druckplatten, Pressen, Zylinder und beginnt dann — im Saal herrscht Stillschweigen, als würde ein Ritus begangen — mit dem Druck einer Fünfhundert-Lire-Note. Er schließt mit den Worten: »Endlich, jetzt werden sie mich doch für einen großen Künstler halten. Es nützt nichts, auf dieser Welt muss man das Gesetz brechen, um zu Ruhm und Ehre zu kommen.«

Nur in zwei Situationen verliert er seine heitere Selbstsicherheit.

Abwesend — wie in einem anderen Teil seines Lebens versunken — wirkt er in der Sitzung vom 24. Oktober, als der Cavaliere Salvatore Aprile, Zeuge zu seinen Gunsten, auf Bitte des Verteidigers hin die Jahre im Arbeiterzirkel samt dem politischen und moralischen Klima jener Zeit rekonstruiert und die Persönlichkeit des jungen Ciulla umreißt: ein exzentrischer Kopf und wenig mitteilsamer Charakter, aber von unermüdlichem Fleiß und so überaus rechtschaffen, dass er nach dem Tode der Eltern einen Teil des ihm zustehenden Erbes aus Gerechtigkeitssinn seiner Schwester überlässt; vor allem aber »ein Künstler von außerordentlichen Fähigkeiten, der mit Unterstützung eines Mäzens ein rechtschaffener Mann geblieben wäre und seiner Heimat Ehre gemacht hätte«, so schließt der Zeuge, daran erinnernd, wie Arcoleos Veto Paolo unverdienterweise um die Stelle als Zeichenlehrer an der Fachschule gebracht hatte.

Die beiden tauschen einen Blick, lang wie eine Umarmung. Der Cavaliere erhebt sich aus der Zeugenbank. Erschüttert geht er fort.

Im Kontrast zu Paolos sonst ironischem und entschiedenem, Auftreten steht auch sein Verhalten während der Befragung des Grafen Antonio Sapuppo, Auftraggeber Cacciaguerras und Zeuge zu dessen Gunsten. Ihn, Sapuppo, bittet der Fälscher, die gewagten Darstellungen von Satyrn und Knaben über einer Dienstbotentreppe in seiner Villa in Mascalucia zu beschreiben; Santi Cacciaguerra, so behauptet er, habe ihm seinerzeit selbstzufrieden seine Skizzen gezeigt. Der Vorsitzende hebt die Unangemessenheit der Bitte hervor und fordert ihn auf, deren Sinn und Zweck zu erklären. Ciulla verhaspelt sich, rudert zurück, murmelt aufgebracht »Als Christus bete ich dich an …«. Er bricht mitten im Satz ab und wird wieder zum Angeklagten von gewohnt wachem Geist.

Jene rätselhafte Bitte und das Misslingen der Erklärung — in einem Prozess, in dem er alles von sich preisgibt, bis auf seine Homosexualität und seine Liebschaften —, werden für immer ein Geheimnis der ambivalenten, zwischen Hass und Freundschaft schwankenden Beziehung der beiden ehemaligen Kommilitonen bleiben.

Da er den konkreten Beweis für die Schuld der anderen Angeklagten liefert, versuchen alle Verteidiger, die Glaubwürdigkeit seiner Aussagen zu demontieren und sie als Wahn eines Verrückten, Lügen eines Heuchlers, Früchte der Rache eines Perversen mit homosexuellen Neigungen darzustellen. Bisweilen hallt in der Argumentation das Klima politischer Verfolgung nach, das in Italien herrscht; um zu beweisen, dass Ciulla geisteskrank und daher unglaubwürdig ist, behauptet etwa der Verteidiger der Guerreras, ein Anwalt namens Cammarata, dass der Fälscher — »ein an Paranoia, Querulantenwahn und Satyriasis leidender Verrückter« und »armer Irrer« — unheilbar verloren sei, weil »er aus Caltagirone stammt, Wiege von Halbgenies am Rande des Wahnsinns; kaum wahlberechtigt, wird er selbst gewählt und tritt im einsetzenden Größenwahn in einen Wettstreit auftrumpfender Winkelzüge mit seinem Mitbürger Don Sturzo«. Der unbeugsame Gründer des Partito Popolare, bereits Opfer schwerster faschistischer Übergriffe, wird einige Jahre später ins amerikanische Exil gezwungen; und in jenen Monaten erfährt auch ein anderer Mann aus Caltagirone — der sozialistische Abgeordnete Arturo Vella — die »Aufmerksamkeit« der Schlägertrupps seines früheren Freundes Mussolini.

Am 12. November ist letzter Verhandlungstag.

Albanese beschließt sein Verteidigungsplädoyer für Cacciaguerra, der in diesem Prozess als Einziger nicht vorbestraft ist — die anderen sind der Justiz als Fälscher und Geldhändler bekannt, Ciulla durch den Prozess aus dem Jahr 1906 —, mit einer Gegenüberstellung der beiden Charaktere: »Cacciaguerra ist Intelligenz, die Gutes schafft. Ciulla ist teuflisches Genie, das fälscht.« In Wirklichkeit kommen Cacciaguerras Vorstrafen vielleicht nur deshalb nicht ans Licht, weil keiner danach gesucht hat; in den Listen der Strafsachen aus den Jahren 1905 und 1906 taucht sein Name mehrmals auf, da der — in Catania sehr bekannte — Priester und Maler Tullio Allegra Anzeige gegen ihn erstattet hatte. Welches sein Vergehen war, und wie jene Prozesse endeten, wissen allein die verschollenen Akten des Staatsarchivs von Catania.

Ciulla ist unglaubwürdig — so lautet das Leitmotiv in Albaneses Plädoyer —, weil er von moralischer Laschheit geprägt sei, die »von der sexuellen Perversion über kriminelle Neigungen bis hin zum Verbrechen gegen die öffentliche Ordnung« reiche; *er ist unglaubwürdig*, weil er De Felice und Giorgio Arcoleo mutwillig attackiert habe — den einen mit der Behauptung, dieser habe einen Büttel dafür bezahlt, ihn bloßzustellen und einen Prozess wegen Verführung Minderjähriger gegen ihn anzuzetteln, den anderen mit dem Vorwurf, seine Karriere als ehrbarer Zeichenlehrer verhindert zu haben; *er ist unglaubwürdig*, weil von persönlicher Rache getrieben.

Um 13 Uhr zieht sich das Gericht zur Beratung zurück.

Um 17.30 Uhr tritt es wieder auf. Unter Geschrei, Ohnmachtsanfällen, Tränen, Jubel und Schmährufen von Angeklagten, Verwandten und Zuschauern verliest der Vorsitzende das Urteil.

Als die Kutsche vorüberfährt, die den Fälscher ins Gefängnis zurückbringt, haben die Ordnungshüter selbst mit Tränengas und Knüppeln Mühe, die tobende Menge auseinanderzutreiben: Die Pferde scheuen, die Kutsche schwankt unter dem Anbranden der Masse, die den großen Künstler Paolo Ciulla unbedingt vor der Zelle bewahren will.

»Vor einiger Zeit schon hatten die Sicherheitsbehörden (Stadt-teilkommissariat) von Catania und der Königliche Sicherheits-beamte Elia Gervasi festgestellt, dass in dieser Stadt, Viale Mario Rapisardi Nummer 431, ein rätselhaftes, verdächtiges Subjekt wohnte …«

Mit dieser Zusammenfassung beginnen die fünfundachtzig Seiten, die das Urteil der fünften Strafkammer des Gerichts von Catania vom 12. November 1923 begleiten.

In seiner langen Begründung weist das Gericht zuallererst die Annahme der Verteidigung der anderen Angeklagten zu-rück, wonach Ciulla deren Mittäterschaft im Wahn ersonnen habe; als Stütze dieser These sollten sein Aufenthalt in der Psychiatrie und die Angriffe auf Arcoleo und De Felice die-nen; »sowie seine Erhöhung des eigenen Werks und künstle-rischen Talents«, paranoides Produkt eines »systematischen Verfolgungs- und Größenwahns«.

Den unwiderlegbaren Beweis für Paolo Ciullas geistige Ge-sundheit — und daher für die Glaubwürdigkeit seiner Aussa-gen — sahen die Richter im Endergebnis seines Verbrechens, in der genialen Umsetzung: »Die geistige und handwerkliche Betriebsamkeit, die über Jahre hinweg in der Fälschung der

Geldscheine zum Ausdruck kommt, ist keineswegs Ausgeburt einer kranken Psyche, kann dies gar nicht sein, sondern Anzeichen eines vollkommenen, jahrelang konstanten Gleichgewichts seiner psychischen Fähigkeiten und körperlichen Kräfte. Der Sachverständige, der Maschinen, Werkzeug, Klischees und die ganze Fülle an Material aus seiner Werkstatt begutachtete, zeigte sich beeindruckt von seiner Meisterschaft als Zeichner, Fotograf, Graveur, Drucker und Kenner der Zinkotypie, Gaben, die eine einzige Person selten in sich vereint.« Er sei also zweifelsfrei geistig gesund, was zusätzlich dadurch bewiesen werde, dass »er, arm an finanziellen Mitteln, aber reich an Talent und Verstand, erfolgreich eine erstaunliche Fälscherwerkstatt aufgebaut hat, in der sich dreihundert bis vierhundert Geldscheine pro Tag herstellen lassen«.

Folglich entspringen auch seine Angriffe auf die zwei weithin bekannten Persönlichkeiten, De Felice und Arcoleo, nicht etwa einem Verfolgungswahn, sondern »sind durch seine Erlebnisse zu erklären, wenn nicht sogar zu rechtfertigen, die möglicherweise in ihm die Überzeugung geweckt hatten, die beiden wollten ihm aus politischen Gründen schaden. Im Übrigen würde es niemandem je in den Sinn kommen, diejenigen (und das sind nicht wenige) für verrückt zu erklären, die eine politische Persönlichkeit vernichten wollen und sich dabei häufig zu grässlichen Verleumdungen hinreißen lassen; hier wird stets die Härte des Gesetzes eingefordert. Ciulla aber scheint kein solcher Ränkeschmied zu sein ...«, weil, wie das Gericht in seinem Urteil ausdrücklich unterstreicht, er konkrete, nachvollziehbare Gründe habe: »wenn er seine Unterlagen zu einer Ausschreibung einreicht, er nicht angenommen wird, obendrein die Dokumente nicht zurückerhält, und infolgedessen vermutet, ein politischer Gegner habe hier die Hand im Spiel; wenn er ein Verfahren wegen Sexualstraftaten erdulden muss und annimmt, eine politische Persönlichkeit, die er in Artikeln kritisiert hatte, habe den Kläger aufgestachelt; so sind dies keine Anzeichen für Verfolgungswahn, denn im Unglück pflegen alle Menschen nur zu häufig diesem oder jenem die Schuld an ihrem Ruin zu geben.«

Das Urteil widerlegt auch die Hypothese, Ciulla habe aus Rache gehandelt, wobei sowohl Stefano Milazzos Begründung — weil er ihm vor zwanzig Jahren seine Tochter nicht zur Frau gegeben habe — als auch Santi Cacciaguerras Argument — weil er seinem Gesellen eines Abends untersagt habe, Paolo nach Hause zu begleiten — für unhaltbar befunden werden; die Annahme, die Beschuldigung der ehemaligen Partner hänge mit den homosexuellen Neigungen des Fälschers zusammen, wird indessen vom Gericht kaum in Betracht gezogen, sondern zügig zurückgewiesen, da — abgesehen von seiner Verurteilung im Jahre 1906 wegen versuchter Verführung Minderjähriger, die mit Straferlass einhergegangen war — »sonst keine übermäßigen abnormen Neigungen nachzuweisen sind«.

Für die Richter der fünften Strafkammer des Gerichts von Catania ist Paolo Ciulla sehr wohl ein Fälscher, aber kein Lügner, da er seine »Enthüllungen auf die ihm bekannten Fakten beschränkt, sowie auf die Personen, die daran beteiligt waren, sich also einzig und allein vom Kriterium der Wahrheit leiten lässt, wie die Überprüfungen beweisen, die daher auch zur Widerlegung der Angriffe gegen die Aussagen und gegen deren Urheber dienen«.

Seine »präzise, gleichbleibende und umfängliche« Benennung der Mittäter wird »auf einleuchtende Weise durch die erwiesenermaßen wahren Grundbestandteile seiner Aussage« untermauert, und führt so zum Schuldspruch mit hohen Strafen für alle Angeklagten, die im Wesentlichen in allen Instanzen bestätigt werden.

Die höchste Strafe — neun Jahre Gefängnis — erhielt Stefano Milazzo, in dem man den Erfinder, Mitbegründer und »technischen Direktor« der Fälscherwerkstatt für Fünfzig- und Hundert-Lire-Scheine sah; Antonio Guerrera wurde mit sieben, seine Tochter Maria mit vier Jahren Haft bestraft.

Der eigentliche Verlierer des Verfahrens war Santi Cacciaguerra, dessen Strafmaß — sieben Jahre Gefängnis — sehr hart anmutet, bedenkt man die recht geringe Zahl an Indizien und objektiven Beweisen; Paolo Ciullas unversöhnliche Angriffe hatten die Richter schließlich von seiner Schuld überzeugt.

»In Anbetracht seiner Einsicht, des Dienstes, den er der Gesellschaft mit seinen Enthüllungen erwiesen hat, und der geringen Gefahr, die von ihm, dem mittlerweile Blinden, ausgeht, kann bei Paolo Ciulla eine mildere Strafe zur Anwendung kommen«, so das Urteil, das fünf Jahre Haft für ihn vorsieht — von denen sechs Monate erlassen werden —, weil er mit »seinem unvergleichlichen künstlerischen Talent« Fünfzig- und Hundert-Lire-Banknoten gefälscht und so die öffentliche Ordnung untergraben hat.

Eine Verurteilung als Fälscher war also nötig, damit Paolo Ciulla seine Identität als Künstler wiederfand — zu dem das Gericht ihn ganz im Sinne Pirandellos ausrief: waren doch Schönheit und Gerechtigkeit, Täuschung und Wahrheit in seinen Fälschungen vereint.

Die Mutter des Faschismus
gebiert stets neue Kinder.

Während der für mehrere Vergehen verurteilte, dann reuige Santi Cacciaguerra im Jahr 1926 nach einem Gnadengesuch freikam, wurde sein Anwalt Giovanni Albanese festgenommen, weil man ihm — und zwei weiteren Verteidigern aus dem Prozess gegen Paolo Ciulla und Mittäter — Verbrechen gegen den Staat vorwarf.

In jenem Jahr waren die *leggi fascistissime*, rückwirkende Sondergesetze, erlassen worden, die als Grundlage für die Karteien der Ovra[32] und die Urteile der Sondergerichte dienten; den neununddreißig Mitgliedern von *Ilio Bosis Umstürzlerbande* warf man Ungeheures vor: Verschwörung, Propaganda, Verunglimpfung und Beleidigung des Duce, militärische Erhebung und Aufstachelung zum Bürgerkrieg. In Wirklichkeit handelte es sich dabei um den Versuch, die Kommunistische Partei im Untergrund überregional zu organisieren, woran Giovanni Albanese in Catania als Vordenker beteiligt war.[33]

Paolo erfuhr sofort davon.

»Wer andern eine Grube gräbt, fällt selbst hinein: Der Anwalt Albanese wurde verhaftet, zusammen mit dem Anwalt Zuccarello. Politik. Gefährliche Sachen«, sagte der Wärter eines Morgens, als er ihm die Zeitung reichte.

Im Tausch gegen ein paar Zeichnungen, die seine Gefängniswärter horteten, um sie stolz Verwandten und Freunden zu zeigen, erhielt Paolo kleine Gefälligkeiten: eine Handvoll roter Maulbeeren, eine besondere Süßigkeit — die er als Diabetiker hätte verschmähen sollen —, spezielle Lösungsmittel für seine Farben; und die Tageszeitung, die sein Zellengenosse — ein Zuhälter aus dem Stadtviertel San Berillo, ihm und Sant'Agata treu ergeben — unter großen Mühen vorlas.

Doch über Tonuzzos holpriges Vorlesen legte sich an jenem Morgen die sichere, getragene Stimme des Anwalts, die wie eine Litanei »Ciulla ist unglaubwürdig« wiederholte. »Er hat seine Arbeit gemacht«, dachte Paolo und stellte ihn sich in einer Zelle im politischen Trakt vor: Isolation und Stille, bei Tag wie bei Nacht. Und er verspürte Mitleid mit Richtern, Angeklagten, Verteidigern, der lärmenden Menge, sich selbst; mit allen Darstellern des Prozesses, blinden und zerstreuten Gefangenen jenes Moments, um den herum sich die Bühne der Geschichte verdunkelt hatte.

Die Kulissen zerfetzt. Die Rollen austauschbar.

Von Gefängnisinsassen und Wächtern gleichermaßen respektiert, verlebte Paolo ruhige Jahre ohne Erschütterungen, mit Ausnahme seiner häufigen diabetischen Anfälle. Ein besonders heftiger ereignete sich zu Beginn des Sommers 1927, einige Monate vor seiner Entlassung.

Auf den Alarm seines neuen Zellengenossens hin — ein ebenfalls treuer und hilfsbereiter Hafenarbeiter, der seinen vertragsbrüchigen Brotherrn getötet hatte —, brachte man den bewusstlosen Paolo in Windeseile auf die Krankenstation; da in jener feiertäglichen Sommernacht weder Ärzte noch Direktor im Haus waren, machten sich die Wärter auf die Suche nach einem Arzt unter den Häftlingen.

Es gab einen, allerdings im politischen Trakt: unter Albaneses Genossen, die ihre Zelle nicht verlassen und mit keiner Menschenseele sprechen durften. Die Wärter berieten sich und entschieden: Der Notfall ließ ihnen keine Wahl.

Als Paolo die Augen wieder aufschlug, schwamm über ihm der Schemen eines mageren, konzentrierten Gesichts. Sobald die beiden Wärter bemerkten, dass er zu sich kam, gingen sie zum Plaudern vor die Tür des Krankenzimmers und baten den Arzt, sich zu beeilen.

Zu seiner Überraschung hörte Paolo eine vorwurfsvolle junge Stimme:

»*Professore* Ciulla, passen Sie auf: Sie dürfen keine Süßigkeiten essen. Solche Anfälle können tödlich sein.«

»Sie kennen mich?«

»Wer kennt Sie nicht? Außerdem komme ich auch aus Caltagirone. Ich heiße Giambattista Fanales.«

»Ein Adliger«, antwortete Ciulla matt.

»Nein, ein Genosse«, flüsterte ihm der Arzt gekränkt ins Ohr. Der politische Häftling Fanales wurde mehrmals, immer sonntagnachts, auf die Krankenstation des Gefängnisses gebracht, um Paolo Ciulla bei seinen langwierigen Diabetesanfällen Hilfe zu leisten.

Sie redeten leise miteinander, doch selbst wenn die ihrerseits ins Gespräch vertieften Wärter vor der Tür sie gehört hätten, wäre ihnen die Unterhaltung wohl belanglos vorgekommen.

»Ich war auch unversöhnlich.«

»Unsere Generation ist anders.«

»Alle gleich, du wirst sehen: Wir wollten die Welt verändern. Wer sich änderte, war er.«

Mit Sicherheit aber hätte die leidenschaftliche, im Flüsterton dahinströmende Redeflut des Jüngeren sie alarmiert, in der besonders häufig die Wörter »Gramsci«, »Sowjet«, »Kommunismus« und »Zukunft« auftauchten.

Bei ihrem letzten Treffen, einige Tage vor seiner Entlassung, grüßte Paolo den Doktor zum Abschied mit geballter Faust. Die Faust ballte auch Fanales, der ein Jahr später, am 8. März 1928, vom Sondergericht in Rom zu sechs Jahren Haft verurteilt werden sollte; er bekräftigte seine Ansichten öffentlich und distanzierte sich damit von seiner Familie, die ihn um jedem Preis retten wollte und um Gnade ersucht hatte.

Giovanni Albanese hingegen, verurteilt zu sieben Jahren Haft, gehörte zu den zwei der neununddreißig Angeklagten aus *Ilio Bosis Umstürzlerbande*, die erfolgreich um Gnade ersuchten, zur großen Irritation seiner Genossen. Er wurde aus der Kommunistischen Partei ausgeschlossen und trat erst nach dem Zweiten Weltkrieg wieder ein.

Doch sein Verhalten blieb zumindest mehrdeutig, sowohl während des Prozesses als auch nach seiner Wiederaufnahme in die Partei. Als sich die Gegend um Caltagirone in der Nachkriegszeit zum Epizentrum eines heftigen Bauernprotestes entwickelte, den Giambattista Fanales lenkte, wurden mehr als hundert Bauern festgenommen und der »militärischen Organisation« angeklagt, weil »sie das rote Halstuch trugen«. Zwei Monate später begann der Prozess, doch einer der beiden Verteidiger — der Anwalt Albanese — erschien, ohne Angabe von Gründen, nicht zur Verhandlung und ließ die Bauern allein.

Paolo Ciulla hingegen verbüßte sein gesamtes Strafmaß und
verließ das Gefängnis, erblindet und ohne eine — weder echte noch falsche — Lira, Ende Juli des Jahres 1927. Draußen
erwartete ihn niemand.

Er ließ sich zur Haltestelle der Trambahn begleiten, die in
Richtung Dom fuhr; fest entschlossen, das Café Tricomi zu
erreichen und sich dort mit einem Eis ins Gewimmel der som-
merlich gekleideten Stadt zu setzen, wie am Morgen vor sieben Jahren, als das Abenteuer der fünfhundert Lire begonnen
hatte, wenngleich es damals noch Frühling und kühl gewesen war. Er hoffte, wieder denselben Kellner vorzufinden, der
ihm, verwundert und liebenswürdig, die papiernen Unter-
setzer geschenkt hatte.

Die Tram, die ihn zum Domplatz hätte bringen sollen, hielt
vor dem Eingang des Giardino Bellini. Er blieb sitzen.

»Sie müssen aussteigen«, sagte der Fahrer. »Heute ist hier
Endhaltestelle: Es findet eine wichtige Beerdigung statt.«

Stockklappernd ging er die Via Etnea hinunter, doch auf der
Piazza Quattro Canti umdrängten ihn plötzlich Blumen-
kränze, Gendarmen in Galauniform und eine immer dichte-
re Menschenmenge. Der Trauerzug hatte angehalten.

Um dem Gestoße und Geschiebe auszuweichen, lehnte er sich an die heruntergelassenen Rollläden der Buchhandlung Giannotta und sah vor seinem inneren Auge, wie er, eben aus Südamerika zurückgekehrt, durch diese Schaufensterscheibe hindurch die Schriftsteller beobachtete, die in Büchern blätterten, diskutierten und Karten spielten. Niemals hatte er sich getraut hineinzugehen: sich vorzustellen, seine Arbeiten zu zeigen.

»Wer ist gestorben?«, fragte er einen Mann.

»De Roberto, der Schriftsteller«, antwortete der Angesprochene. »Selbst der Duce hat ein Telegramm geschickt. Aber sind Sie nicht Paolo Ciulla?«

Ein Danebenstehender drehte sich neugierig um, dann noch einer, und noch einer.

Eine kleine Menschentraube umringte ihn, und alle baten ihn um ein Autogramm, auf Zeitungen, beliebigen Papierschnipseln, aus den Hosentaschen gefischten kleinen Geldscheinen. Als Andenken für die Zukunft.

Langsam setzte sich der Trauerzug wieder in Bewegung. Paolo machte kehrt und ging zur Haltestelle zurück.

Sicher und mühelos erreichte er den Fahrkartenschalter im Bahnhof.

Der Zug nach Caltagirone fuhr auf die Minute pünktlich um 12.40 Uhr ab.

In den sechziger Jahren des 20. Jahrhunderts waren unten an der Außenmauer des ehemaligen Bourbonengefängnisses noch die tief eingekerbten Schriftzüge »Es lebe der Arbeiterzirkel«, »Es leben die Tausend«, »Es lebe die Französische Revolution« zu erkennen, die Paolo Ciulla als Anführer einer mit Wein, Fackeln und Werkzeug bewaffneten Schar von Steinmetzen dort in der fiebrigen Nacht vor der Wahl 1889 in großen Lettern hatte einmeißeln lassen. »Das bleibt, selbst wenn wir verlieren«, hatte er seine Begleiter, die kaum die Hand vor Augen sahen, bei ihrem schwierigen Werk angespornt.

Und die Worte blieben stehen, überdauerten Diktaturen, Kriege und Revolutionen, bis zum großen Gedächtnisschwund des globalen Dorfes.

Stumpf gewordene Spuren eines Augenblicks voll Leidenschaft, Utopie, Herzklopfen.

Während der Kutscher darauf wartete, dass sein Fahrgast zurückkam, fragte er sich, wo er das Gesicht dieses verrückten Blinden schon einmal gesehen hatte, der unbedingt neben ihm auf dem Kutschbock sitzen musste und vom Bahnhof zur Piazza hatte fahren wollen, nur um die Schriftzüge auf den Mauern des ehemaligen Bourbonengefängnisses zu berühren. Die tiefen Rillen der Vokale und Konsonanten mit den Fingern nachzufahren.

Als er ihm wieder hinaufhalf, erinnerte er sich plötzlich.

»Mein Vater war mit Ihnen befreundet, damals, bei De Felices *Fasci*. Mario Malannino, er wurde vor drei Jahren bei den Demonstrationen nach dem Mord an Matteotti getötet«, sagte er und berichtete dann ausführlich vom Leben und Sterben in der Stadt nach dem Marsch auf Rom: von den vielen Radikalen — und all den Adligen —, die zu den Faschisten übergelaufen waren; von festgenommenen Kommunisten und Sozialisten, vom heimlichen Widerstand der Kirche und des Partito Popolare; vom Duce, den die eigenen Parteifreunde mit Fotomontagen von Häusern und Plätzen der Gartenstadt Mussolinia getäuscht hatten; im betreffenden Wald habe es indes keine Spur jener Stadt gegeben, bis auf den ersten Gründungsstein, den der Duce drei Jahre zuvor selbst gelegt hatte, als er im Triumph mit einem großem Gefolge von Würdenträgern und Ministern in Don Sturzos Stadt gekommen war. Mussolini habe daher Rache geschworen …

Doch Paolo hörte nicht mehr zu; ihn umhüllte eine dunkel glänzende Wolke, die sich, beim Versuch, sein Leben rückwärts zu lesen, über Spuren und Gesichter seiner inneren Stadt gelegt hatte. Versiegt war der Wahrheitsdrang mit seinem grenzenlosen Widerhall, der sich einst in alle Richtungen fortgepflanzt hatte, in die Vergangenheit wie in die Zukunft hinein. Für immer verschwunden, genauso wie Turi. Wie Masi und seine verzweifelte Stimme. Die er nicht wiedererkannt hatte, als sie den Freund brüllend durch die Flure in die Isolationszelle geschleift hatten. Ausgelöscht, in zwanzig Jahren, als hätte er sie nie geliebt

Tags darauf berichtete ihm der diensthabende Wächter, der Bandit Tommaso Noto, genannt Masi — den man bei einer Schießerei festgenommen hatte, zusammen mit der Bande, zu der er nach seiner Rückkehr aus Frankreich gestoßen war —, sei verstummt, er habe sich erhängt.

Jede Nacht diese Stimme ... beharrlich ... flehend ...

Er riss sich zusammen. »Mein Vater war Sozialist. Ich auch, wissen Sie ...«, sagte der Kutscher da gerade zu ihm, leichthin und vollkommen vertrauensselig, als wäre das etwas Alltägliches. Seine Worte verschmolzen mit dem konzentrierten Gesicht des jungen Arztes, den endlosen Ebenen Patagoniens, mit einer Utopie von Gerechtigkeit, die fortlebt und sich erneuert: die siegen muss, so schloss Paolo, weil sie die Wahrheit ist.

Er dachte an Masis unvergängliche Schönheit im Jahr 1907 in Paris — nach seinem Tod in Catania hatte er ein ganzes Heft damit gefüllt und es den Wächtern geschenkt, die die Blätter unter sich aufgeteilt hatten —, an das Begehren anonymer Blicke in unbekannten Häusern. An ein Werk, das über die Wirrnis des Lebens hinausreicht.

Er spürte, wie das Knäuel aus Gesichtern und Geschichten, das in seiner Erinnerung schlummerte, zwischen dem Strom der Zeit und seiner Lebenslinie in der Schwebe hing, schlagartig erwachte und Form annehmen, existieren wollte, bevor das glänzende Dunkel ... tausend Leben würden nicht genügen, das zu erzählen ... aber er könnte auch im Armenhaus … solange es ging … dem Dunkel widerstehen … die Illusion der Kunst, das einzige Leben, wieder lebendig werden lassen.

Der Kutscher sah Paolo Ciullas lächelndes Gesicht und freute sich. Er knallte noch lauter mit der Peitsche, bahnte sich einen Weg durch die Veteranen, Würdenträger, Schwarzhemden und durch die bunte Menschenmenge, die zum Park strömte, um sich dort eine Turnvorführung der faschistischen Jugend anzusehen.

(Notiz)

Die Oberin erwartete ihn.

»Setzt Euch, mein Herr.«

Im Nu erfuhren alle — Krüppel, Blinde, Schwachsinnige, Versehrte — im Albergo dei Poveri Invalidi, einem Armenhaus in Caltagirone, von der Ankunft des Geldfälschers Paolo Ciulla.

Dort verbrachte er seine letzten Lebensjahre offenbar auf heitere und betriebsame Weise: Er malte, gab den Bettlägerigen Zeichenunterricht, spielte Orgel in der Kirche und half den barmherzigen Schwestern bei kunstvollen Inszenierungen an den religiösen Festtagen; vor allem aber wartete er darauf, sich nach dem Avemaria wie gewohnt mit der Oberin, Schwester Giuseppina Papa, zu unterhalten, der er in besonderer Freundschaft verbunden war; auch sie erwies ihm besondere Zuwendung.

Einen Hinweis darauf enthält das Blatt Nr. 19 vom 1. April 1931 im Buchhaltungsregister der Anstalt. Die Oberin notierte darin täglich die Veränderungen in der Bewohnerschaft — Neuankömmlinge, Abgänge, Tote —, als Information für den Präsidenten der Armenfürsorge.

In dieser Notiz ist der sonst bürokratische, unpersönliche

Stil der Oberin mit einem Mal gefühlsbetont, reich an Adjektiven; sie vergisst die obligatorischen Angaben — Krankheit und Todeszeitpunkt — und schreibt: »Mit vorliegender Nachricht teile ich Ihnen mit, dass unser armer, lieber Paolo Ciulla, trotz aller hingebungsvollen Pflege, in die Ewigkeit abberufen wurde.«

Noch einige Monate lang unterschreibt Schwester Giuseppina Papa im Register des Albergo dei Poveri Invalidi, dann tritt eine andere an ihre Stelle.

An einen neuen Standort versetzt. Oder ebenfalls verstorben.

Stiller Staub der Antlitzlosen aller Zeiten.[34]

Anmerkungen

1 Der Titel ist dem Begriff *in fin di vita* — »dem Tode nahe« — nachgebildet. (Anm. d. Ü.)

2 Vgl. Marguerite Yourcenar: Die schwarze Flamme. Aus dem Französischen von Anneliese Hager, René Cheval und Bettina Witsch. Fischer Verlag, Frankfurt a.M. 1993.

3 *le sciàre* — lokaler Terminus, vermutlich arabischen Ursprungs, aus der Ätna-Region, bezeichnet die Anhäufungen poröser vulkanischer Schlacken, die sich an der Oberfläche oder den Rändern der Lavaströme gebildet haben. (Anm. d. Ü.)

4 Legendäres Handbuch über Magie, das Zauberformeln zur Lösung von Problemen aller Art bereithält nebst Gebrauchsanweisungen zur Beschwörung der Geister und Teufelswesen. (Anm. d. Ü.)

5 Die genannte kryptische Zeichnung ist Eigentum der Signora Margherita Mellini — ihr gilt mein großer Dank: Ich durfte dieselbe ausleihen und fotokopieren und konnte mich davon inspirieren lassen. Es ist das einzige Werk Paolo Ciullas, das ich mit eigenen Augen gesehen habe. Von seinen anderen Kunstwerken — vorwiegend Portraits, auf immer in Privathäusern verschwunden — habe

ich anhand von Kritiken und Beschreibungen in den Lokalzeitungen Kenntnis erhalten.

6 »*Hier wurde Giorgio Arcoleo geboren ...*« So beginnt die Inschrift auf der an der Mauer seines Geburtshauses angebrachten Marmortafel, die ich seit meiner Kindheit stets vor Augen hatte. Es mag kindisch sein, aber ich war stolz darauf, im selben Haus wie dieser *namhafte Jurist* geboren zu sein.

7 Es war Andrea Costa, der diesen Satz im Parlament aussprach. Er protestierte damit gegen die Forderung der Regierung, mit fünf Millionen Lire die Verstärkung der Truppen an den Küsten des Roten Meers zu finanzieren.

8 gemeint: Anna Kuliscioff bzw. Kulischowa, geb. 1857 auf der Krim, gest. 1925 in Mailand, jüdisch-russische Revolutionärin, Ärztin, Feministin, Anarchistin, in Italien führende Sozialistin, wegen ihrer politischen Aktivitäten in Frankreich, der Schweiz und in Italien verhaftet. Sie war zumeist in Italien aktiv. (Anm. d. Ü.)

9 Das Zitat ist Michail Bakunins *Staatlichkeit und Anarchie* von 1873 entnommen.

10 Leonardo Sciascia, in *Cruciverba: Caltagirone:* »Alles ist ruhmreich in den ›Formen, die fliegen‹, also im Barock im weitesten Sinne, zum Ausdruck gebracht. Wir möchten als gesellschaftliche und ästhetische Besonderheit das *Casino di Compagnia* hervorheben. In jedem sizilianischen Ort ist der Zirkel der ›Gentlemen‹ eine derart bedeutende Einrichtung, dass er bei allen Aufständen zum Ziel der Zerstörung wurde: Aber kein anderer Ort besaß jemals einen so schönen wie Caltagirone.« (Anm. d. Ü.)

11 Im Internet habe ich in *Una pagina di storia socialista* eine
sehr interessante Analyse über die nationale und inter-
nationale Bedeutung der *Fasci siciliani dei lavoratori* (Arbeiterbünde) gefunden; Aldo Chiarle gibt darin einen Artikel des sozialdemokratischen Parlamentariers Filippo
Turati in der Zeitschrift *Critica sociale* vom 16. Januar
1894 wieder — in der von den Arbeiterbünden als »einer
sich in Italien mit großen Schritten nähernden Revolution« die Rede ist. Anna Kuliscioff dagegen schrieb bereits
am 9. Januar mitten im dramatischen Gang der Ereignisse an Friedrich Engels, um »Anregungen und Ratschläge«
zum weiteren Vorgehen zu erhalten, wenngleich, wie die
russische Revolutionärin schloss, »ich persönlich davon
überzeugt bin, dass eine politische Revolution in Italien
für die künftige Entwicklung der Sozialistischen Partei in
Italien von Nutzen wäre«.

12 Dialektbegriff aus Caltagirone, steht auch für mafiöse
Bande (Anm. d. Ü.)

13 Die unbegründete Anschuldigung, separatistische, gegen
die italienische Einheit gerichtete Bestrebungen zu ver-
folgen, nahm Crispi als ideologisches Deckmäntelchen
und zur Absicherung, um die *Bewegung* aufzulösen und
1894 den Belagerungszustand in ganz Sizilien und in der
Lunigiana auszurufen — die nordtoskanische Region, die
infolge der Nachricht über die Repression in Sizilien sich
ebenfalls erhoben hatte — sowie um die verfassungs-
rechtlich garantierten Freiheiten aufzuheben und Millionen von Wahlberechtigten von den Wählerlisten zu
streichen. Spät erst war ihm die Gefahr klar geworden,

die dem von ihm selbst gewollten erweiterten Wahlrecht innewohnte.

14 Schwanzlutscher, ekliges Geschmeiß, falsche Schlange (Anm. d. Ü.)

15 Die Rekonstruktion des Lebens auf dem Montmartre in Kapitel 6 stützt sich u. a. auf die Informationen und Anekdoten über Künstler, Anarchisten, Ateliers, Straßen, Hotels, Restaurants und Bistros aus Jean-Paul Crespelles *Vie quotidienne à Montmartre au temps de Picasso, 1900–1900*, Paris 1978.

16 *la butte* (frz.): der Hügel, die Anhöhe; hier handelt es sich um den Montmarte, beziehungsweise um das gleichnamige Stadtviertel, das 18. Arrondissement von Paris. (Anm. d. Ü.)

17 Bei den *draunare* handelt es sich um sizilianische Hexengestalten, unheilbringende alte Frauen mit langen weißen Haaren, die der Legende nach Meeresstürme und Windhosen heraufbeschwören und deshalb besonders von den Seeleuten gefürchtet waren. (Anm. d. Ü.)

18 Vorarbeiter (Anm. d. Ü.)

19 Spanier (Anm. d. Ü.)

20 »Wir haben keine ...«. »Wir haben schon ...«. »Ich brauche keinen Künstler, ich brauche einen Handlanger ...« (Anm. d. Ü.)

21 *La Patria degli Italiani* war eine Zeitung der italienischen Auswanderer in Argentinien, die von 1893 bis 1931 erschien und hohe Auflagen erzielte. (Anm. d. Ü.)

22 Dieses Zitat und die Stelle aus dem Artikel *Der kuriose Fall des Paolo Ciulla*, den die argentinische Zeitung *La Prensa*

dem Fälscher widmete, stammen aus dem Buch *Paolo Ciulla, il falsario* von Pietro Nicolosi.

23 In den Jahren 1878–1879 kam es in Argentinien zum sogenannten »Wüstenfeldzug« (*Conquista del Desierto*) in der Pampa, Patagonien und im Norden des Landes, und damit zur Vertreibung der indigenen Bevölkerung. Befehlshaber war General Julio Argentino Roca, der im Anschluss, im Jahr 1880, zum Präsidenten gewählt wurde. (Anm. d. Ü.)

24 Der Stadtteil La Boca war Ende des 19. Jahrhunderts das Viertel der italienischen Einwanderer. (Anm. d. Ü.)

25 Mit dem Begriff »Kazike« (von *kassequa*, »Häuptling«, in der Sprache der Taíno) bezeichneten die spanischen Eroberer in Mittel- und Südamerika verschiedene indigene Autoritäten und Herrscher. (Anm.d.Ü.)

26 Als ich im Internet Informationen über die Geschichte Argentiniens am Ende des 19. und in den ersten Jahrzehnten des 20. Jahrhunderts suchte, entdeckte ich den argentinischen Schriftsteller Osvaldo Bayer (Santa Fe, 1927) und entbrannte sofort für ihn. Osvaldo Soriano bezeichnet ihn in einem Artikel als »letzten Rebellen«, ohne den vieles »leichter in Vergessenheit« geraten wäre; tatsächlich entreißen seine Erzählungen, eine Mischung aus Fiktion und Archivrecherche, die Geschichte der Indios und Anarchisten dem Vergessen, und enthüllen dabei die Grausamkeit der Staatsgewalt. Und durch Osvaldo Bayer stieß ich auf den Kazike Inacayal — dessen Geschichte er wiederum vom Schriftsteller Clemente Onelli übernommen hat —, und auf viele andere, sonst verschleierte Informa-

tionen über das Patagonien der Gegenwart und Vergangenheit.

27 Siedler (Anm. d. Ü.)

28 Beweggrund (Anm. d. Ü.)

29 Im Jahr 1905 wurde in Caltagirone ein Gemeinderat, aber kein Bürgermeister gewählt: Sturzo kümmerte sich als Ratsmitglied um Finanzen, Infrastruktur und Bauwesen sowie Personal und wurde in dieser Funktion auch als »stellvertretender Bürgermeister« tituliert. Rein formal gesehen hatte Caltagirone aber bis zu Sturzos Rückzug im Jahr 1920 keinen Bürgermeister. (Anm. d. Ü.)

30 Dieses Zitat aus Sturzos Zeitung *Croce di Costantino* vom 17. April 1904 ist mir durch Rosario Mangiamelis Buch *Le officine della nuova politica* (C.U.E.C.M., Catania 2000) in den Schoß gefallen; den letzten Satz habe ich selbst hinzugefügt.

31 Das Zitat wird Papst Sixtus V. zugeschrieben: Es heißt, er habe auf ein angeblich Blut schwitzendes Kruzifix eingeschlagen, woraufhin ein blutgetränkter Schwamm zum Vorschein gekommen sei. (Anm. d. Ü.)

32 Das Kürzel OVRA bezeichnet die politische Geheimpolizei des faschistischen Regimes. Wofür es genau steht, ist nicht endgültig geklärt, eine mögliche Version lautet *Organizzazione di Vigilanza e Repressione dell'Antifascismo.* (Anm. d. Ü.)

33 Während ich an der Rekonstruktion des Prozesses gegen Paolo Ciulla und Mittäter arbeitete, erhielt ich eine Einladung zur Präsentation von Guido Dottos *Giambattista Fanales — il medico dei poveri e il politico che credeva*

nell'etica — dall'opposizione antifascista alla nascita della democrazia (Giambattista Fanales — Arzt der Armen und Politiker von Moral — von der antifaschistischen Opposition bis zur Geburtsstunde der Demokratie; Terzo Millennio Ed. 2004); ich ging hin, erstand das Buch und las es umgehend. Ein außergewöhnlicher Zufall: Neben Fanales tauchen darin auch einige der Verteidiger aus dem Prozess gegen Ciulla auf, die im politischen Prozess aus dem Jahre 1928, den der Autor rekonstruiert, auf der Anklagebank gesessen hatten — für mich bisher farblose Funktionsträger ohne eigene Lebensgeschichten und Ideen. Hier erfuhr ich plötzlich mehr.

34 Nun, da ich mich endgültig von Paolo Ciullas Geschichte verabschiede, gebe ich Emily Dickinsons wundervolles Gedicht hier in Gänze wieder: »Der stille Staub war edle Herrn und Damen / Und Mädchen, Knaben — / War Lachen und Talent und Seufzen / Und Kleid und Locken. / Die Ödnis war — ein lebhaft Sommerhaus / Wo Blumen, Bienen / Orientalisch kreisen und dann / Enden, gleich diesen –« (Aus: Emily Dickinson: Sämtliche Gedichte. Übersetzt, kommentiert und mit einem Nachwort von Gunhild Kübler. Carl Hanser Verlag, München 2015)

KLEINES GLOSSAR
in alphabetischer Reihenfolge

ARCOLEO, GIORGIO (1848 Caltagirone — 1914 Neapel) Literat und Jurist, der, zum Studium nach Neapel geschickt, zum Lieblingsschüler des namhaften Literaturkritikers Francesco De Sanctis wurde. Vor die Wahl zwischen Poesie und Politik gestellt, entschied sich Arcoleo für Letztere. Er lehrte Verfassungsrecht an der Universität Neapel und war für die aristokratischen Großgrundbesitzer ganz Italiens, besonders für die seiner Geburtsstadt Morra de Sanctis, ein Garant ihrer Privilegien. Als mit allen Vollmachten ausgestatteter Staatssekretär war er 1898 der eigentliche Verantwortliche für die grausame Niederschlagung des Aufstands in Mailand (bis zu 300 Tote unter den unbewaffneten Demonstranten) unter dem Oberbefehl von General Fiorenzo Bava Beccaris; dieser erhielt in Folge von König Umberto I. das Großkreuz des Militärordens von Savoyen.

BOSI, ILIO (Ferrara 1903–1995), aus bitterarmer Familie, war schon als junger Mann im Partito Socialista aktiv. 1924 trat er zum Partito Comunista über und beteiligte sich am antifaschistischen Widerstand in Süditalien. 1926 wurde er in Catania festgenommen und zu zehn Jahren Haft verurteilt. 1934 vorzeitig entlassen, wird er schon 1936 erneut verhaftet und zu 16 Jahren verurteilt; doch er kommt 1941 frei und schließt sich aufs Neue dem Widerstand an. Nach Kriegsende ist er Mitglied der Verfassungsgebenden Versammlung. Außerdem spielt er eine wichtige Rolle im Partito Comunista, in Rom, in Ferrara, als Mitglied des Parlaments, als Anführer der Bauernbewegung, in der öffentlichen Verwaltung.

CARNOT, MARIE FRANÇOIS SADI (1837 Limoges — 1888 Lyon) Ingenieurstudium. 1885 Finanzminister. Nach der erzwungenen Abdankung des Staatspräsidenten Jules Grévy wurde Carnot am 3. Dezember 1887 zu seinem Nachfolger gewählt. Der Anfang seiner Amtszeit war von den Unruhen um Georges Boulanger und den Panamaskandal (1892) gekennzeichnet.

Um einer Welle anarchistischer Anschläge zu begegnen und die Agitation der Gewerkschaften zu unterbinden, wurden im Dezember 1893 die Gesetze betreffend die persönliche Freiheit und die Vergehen der Presse verabschiedet und später verschärft, was heftige Kritik seitens der sozialistischen Opposition hervorrief. Carnot wurde am 24. Juni 1894 in Lyon nach einer Rede von dem italienischen Anarchisten Sante Geronimo Caserio mit einem Dolch verletzt und starb wenige Stunden später. Er wurde in einem Ehrengrab im Panthéon in Paris bestattet.

CRISPI, FRANCESCO (1818 Ribera/ Sizilien — 1901 Neapel) bürgerlicher Revolutionär, aus einer Arberesh-Familie stammend, zweimaliger Ministerpräsident; 1887 löste er Depretis ab und zettelte den verheerenden »Zollkrieg« gegen Frankreich an, das wichtigstes Importland für die italienischen Agrarprodukte war; die hohen Zölle führten zu einem drastischen Exporteinbruch, ergo große Wirtschaftskrise, Entlassungen, Preisverfall; die Auswanderung stieg dramatisch. Er propagierte Italiens Kolonialpolitik; rief 1894 zur Bekämpfung der Arbeiter- und Bauernaufstände in Sizilien 1894 (*Fasci siciliani*) den Ausnahmezustand aus und entsandte, gestützt von König Umberto I., zur blutigen Niederschlagung der Unruhen 40.000 Soldaten, mehr als auf den äthiopischen Schlachtfeldern eingesetzt wurden.

»Diese Tumulte haben Zustände offengelegt, die unter gar keinen Umständen länger fortbestehen können und dürfen, der Ehre Italiens und des Menschengeschlechts willen. Sie haben ein brüderliches Bündnis aller demokratischen Parteien im Namen eines Ideals, eines Glaubens, eines gemeinsamen Werks notwendig gemacht. Die soziale Frage ist auf ein scholastisches Entweder-Oder reduziert«, Brief von Mario Rapisardi an Napoleone Colajanni, Catania 1894.

DE BONO, EMILIO General und Mitbegründer der faschistischen Partei Italiens, Italo Balbo, faschistischer Parteiführer, Cesare Maria de Vecchi, Rechtsanwalt, Offizier und Weggefährte Mussolinis, und der hier nicht erwähnte Michele Bianchi, das sogenannte Quadrumvirat, waren die operativen Anführer des »Marsches auf Rom«.

DE FELICE GIUFFRIDA, GIUSEPPE (Catania 1859–1920), charismatischer sozialistischer Politiker und Journalist, mehrmaliger Abgeordneter im römischen Parlament, 1912–1914 erster sozialistischer Bürgermeister Catanias, danach bis zu seinem Tod Präsident der Provinz Catania.

Der Nachname De Felice wurde später hinzugefügt. Seine Laufbahn war steil und glücklich: Vater Sebastiano Giuffrida, aus ärmstem Proletariat, wurde 1868 bei einem Raubüberfall von den Carabinieri erschossen; die Mutter, nun völlig mittellos, durfte ihr Kind nicht bei sich behalten; der junge Giuseppe kam in eine städtische Verwahranstalt, wo er die inzwischen Pflicht gewordene Grundschulausbildung erhielt, gefüttert mit den Werten der Monarchie und des Katholizismus. 1878 fand er eine Anstellung als Archivar in der Präfektur der Stadt, gab nebenbei zusammen mit Freunden ein »gesalzenes und gepfeffertes« Blatt *Lo Staffile* (dt. Steigbügelriemen) heraus, das sich äußerst regierungsfeindlich äußerte. 1881 kam die Entlassung; da hatte er bereits vier Töchter; doch die Ehefrau trennte sich von ihm aufgrund seines aushäusigen sentimentalen Lebens; allem zum Trotz, schaffte er den Abschluss seines Jurastudiums und erlangte den Titel eines Staatsanwalts.

De Felice gilt als der Begründer der *Fasci siciliani* (siehe dort).

DEPRETIS, AGOSTINO (1813 Bressana — 1887 Stradella/ Lombardei), Jurist, Gutsbesitzer und mehrfach italienischer Ministerpräsident; er gilt als Anführer der historischen Linken, machte jedoch das Verwandeln, Positionen aufgeben, den sog. *trasformismo* zu einem pragmatischen Prinzip, das unter Politikern auch des 21. Jh. nachhallt. 1860 begab er sich auf eine Mission nach Sizilien, wo er zwischen den Ansichten Cavours (sofortiger Anschluss an das Königreich Italien) und denen Garibaldis (erst nach Volksentscheid) vermitteln sollte, es jedoch nicht zu Wege brachte, obwohl Garibaldi ihm in Sizilien die Befugnisse eines Pro-Diktators verliehen hatte.

DE SANCTIS, FRANCESCO bedeutender, klassisch gebildeter Literaturkritiker (1817 in Kampanien — 1883 Neapel). Er war ein Parteigänger der Linken, lehrte Ästhetik und italienische Literatur u. a. am Polytechnikum Zürich, unterrichtete später in Neapel und war wiederholt Minister des öffentlichen Unterrichtswesens.

DI RUDINÌ, ANTONIO STARABBA, MARCHESE DI RUDINÌ, (1839 Palermo — 1908 Rom), aus altem reichen Adelsgeschlecht, aber Anhänger Garibaldis; erwarb sich revolutionäre Lorbeeren, wurde Bürgermeister von Palermo, weitere Ämter auf mehreren Regierungsebenen. 1891 folgte er als Ministerpräsident auf Francesco Crispi.

Die FASCI SICILIANI waren eine breite, zwischen 1891 und 1894 spontan entstandene Initiative von Arbeitern, Handwerkern und vor allem Bauern. Unter der Führung von Giuseppe De Felice in Catania wurden sie eine mitreißende Bewegung mit libertärer, demokratischer und sozialistischer Ausrichtung; die auch unter dem städtischen Proletariat, den Schwefelminen- und Industriearbeitern Fuß fasste. Entstanden nach dem Vorbild der Arbeiterbünde in Nord- und Mittelitalien war sie der Versuch, sich von den erbärmlichen Lebens-

und Arbeitsbedingungen zu befreien. Ihr Protest richtete sich sowohl gegen die mächtigen sizilianischen Landbesitzer samt ihrer mafiösen Statthalter, den *gabelloti*, als auch gegen den italienischen Staat, der unverfroren und offiziell die Besitzstandklasse unterstützte. Die sizilianische Gesellschaft war zu jener Zeit noch sehr rückständig, der Analphabetismus beträchtlich; der Feudalismus, obwohl von den aufgeklärten Aristokraten zu Beginn des 19. Jh. selbst abgeschafft, hatte die Verteilung der Ländereien und somit die des Reichtums bestimmt. Auch die Vereinigung Italiens hatte nicht zu den erhofften gesellschaftlichen Verbesserungen geführt, die Unzufriedenheit in den unteren Gesellschaftsschichten gärte. Die Bewegung forderte im Wesentlichen Reformen, vor allem bei den Steuern, und eine fortschrittlichere Gesetzgebung in der Landwirtschaft, d.h. Revision bzw. Abschaffung der Abgabenregeln und die Neuverteilung des Ackerlands. Eine große revolutionäre Kraft erwuchs auch unter den ethnischen Minderheiten auf der Insel, insbesondere den Albanern (Arberesh), in denen sich eine große Gruppe Frauen besonders hoffnungsvoll und kämpferisch für die Möglichkeit einer Veränderung zeigte. Blutige Zerschlagung.

JACOB, MAX (1876 Qimper — 1944 Sammellager Drancy); Dichter, Maler, Schriftsteller; ab 1897 in Paris, teilte sich mit Pablo Picasso ein Zimmer; Amedeo Modigliani hat ihn mehrfach porträtiert. Jacob konvertierte vom Judentum zum Katholizismus; verbrachte mehrere Jahre in einem Kloster; die Gestapo verhaftete ihn; seine Geschwister waren bereits in Auschwitz ermordet worden.

KOLONIALKRIEG Nach der Vereinigung Italiens 1861 besetzten italienische Truppen die eigentlich zu Ägypten gehörige Hafenstadt Massaua, womit der Kolonialkrieg Italiens in Abessinien begann; Höhepunkt war die vernichtende Niederlage einer italienischen Truppeneinheit am 25. und 26. Januar 1887 in Dogali im Kampf gegen das äthiopische Heer. 1860 dann die Ausrufung der Kolonie Eritrea. Sehr erhellend der Roman von Francesca Melandri *Sangue Giusto*, dt. *Alle, außer mir* übers. von Esther Hansen, der die verdrängten Grausamkeiten der Italiener in Abessinien wieder ans Licht holt.

DER LEOPARD, (deutsch von Burkhart Kroeber, München 2019), *Il gattopardo* ist der einzige Roman des sizilianischen Schriftstellers Tomasi di Lampedusa, der vor seinem Welterfolg von mehreren italienischen Verlagen — als Erstes von einem in Palermo — abgelehnt wurde. Erst nach dem Tod des Autors 1958 erschien das wegweisende Meisterwerk im Verlag Feltrinelli, Mailand.

MATTEOTTI, GIACOMO (1865 Fratta Polesine — 1924 nahe Rom), Sohn eines Kupferschmieds, war zunächst Mitglied des Partito Socialista und dann Generalsekretär des neugegründeten Partito Socialista Unitario (PSU). Ab 1919 Parlamentsabgeordneter der Region Ferrara; 1924 wurde er von faschistischen Schlägern entführt und ermordet, woraufhin die antifaschistische Opposition — die Faschisten sind bereits an der Regierung — geschlossen das Parlament verließ. Die Indizienlage war erdrückend und so übernahm Mussolini die Verantwortung für die Tat — was aber keineswegs zu einem Sturz der Faschisten, sondern im Gegenteil zu einer Konsolidierung und Radikalisierung des Regimes führte.

MANZONI, ALESSANDRO FRANCESCO TOMMASO (Mailand 1785–1873); berühmter Schriftsteller und Dichter der Aufklärung; sein Roman *I promessi sposi* (*Die Brautleute*), deutsch von Burkhart Kroeber (2000) gilt als erster moderner Roman Italiens; *Die Geschichte der Schandsäule* war ursprünglich als Kapitel in den *Brautleuten* gedacht; es geht darin um die gnadenlose Verfolgung der *untori*, der als Giftsalber verdächtigten Personen, um die Macht von Gerüchten und die unheilvolle Verbindung von irrationaler Jagd nach dem Schuldigen und der Blindheit der Mächtigen; die Schandsäulen wurden nach Hinrichtung der *untori* zur dauerhaft sichtbaren Besiegelung der Strafe, Sippenstrafe, anstelle ihrer zerstörten Wohnhäuser errichtet.

MASTRO-DON GESUALDO (deutsch von Marlies Ingenmey, 1998) Roman von Giovanni Verga, (1840–1922 Catania), einem der Hauptvertreter des Verismo, des italienischen Naturalismus. Wegweisend auch seine Novelle *La roba*, über die mit Geiz gepaarte Anhäufung materieller Güter um des reinen Anhäufens willen (in *Sizilianische Novellen*).

MILAZZO, MARIO — Landbesitzer, der »zum Wohle des Volkes« Politik machen wollte, wie er verkündete, als er 1889 ins Bürgermeisteramt gewählt wurde; er hatte den Zirkel der Landarbeiter gegründet, der sich zu Kooperativen zusammenschließen und gepachtetes Gemeindeland bewirtschaften sollte. Doch aufgrund der allgemeinen desaströsen Finanzlage und den zahlreichen, sich gegenseitig das Wasser abgrabenden politischen Strömungen scheiterte er. Bekannter und berühmtberüchtigt sein Sohn Silvio, der es in den Reihen der Democrazia cristiana auch zum Präsidenten des sizilianischen Regionalparlaments brachte; ihm wird die Nähe zu mächtigen Mafiaclans nachgesagt.

MUSSOLINI, BENITO (1883 Predappio — 1945 Azzano/Como) ab dem 30. Oktober 1922 Ministerpräsident Italiens, der »Duce«, Führer des Faschismus.
Der »Marsch auf Rom« endete mit der Machtübernahme durch Mussolini und die von ihm geführte faschistische Bewegung im Oktober 1922. Mussolini selbst nahm nicht daran teil. Auf vier Kolonnen verteilt, marschierten 26.000 Faschisten sternförmig auf Rom zu und erreichten die Stadt am 28. Oktober. Die auf wackligen Beinen stehende Regierung unter Luigi Facta, einem Politiker aus den Reihen der Liberalen Partei, beschloss nach längerem Zögern, den Belagerungszustand auszurufen. Doch König Vittorio Emanuele III. verweigerte die Unterschrift unter das Notstandsdekret, das der Armee die Vollmacht zum Losschlagen gegen die Faschisten gegeben hätte. Stattdessen entließ er Facta und ernannte Mussolini zum Ministerpräsidenten.

RAPISARDI, MARIO (Catania 1844–1912) Dichter und Professor für philosophische Dichtung, berühmt für sein Poem *Lucifero* (1877): In fünfzehn Gesängen wird der Sieg der Vernunft über den Aberglauben gefeiert; die Wissenschaft beginnt ihren Siegeszug, annulliert jegliche Metaphysik. Als ihr Wahrzeichen gilt der Durchbruch der Alpen zwischen Italien und Frankreich, der Frejus-Tunnel. Jahrhunderte des Kampfes des Lichts gegen das Böse, historisch verkörpert von der katholischen Kirche waren erfolgreich. In diesen Versen wird der toskanische Dichter Giosué Carducci (1835–1907) definiert als »tollwütiger Sänger, Dichterfürst des Wolfsgeheuls, trunken von Galle und Wein, darauf aus, den besten Platz an meiner Seite einzunehmen«. Der anfänglich auf literarischer Ebene ablaufende Streit war rasch unter die Gürtellinie gegangen und löste bei Carducci rassistische Anwürfe aus: »Die Sizilianer gelten als Überbleibsel niedriger Rassen, vor allem wenn sie rapisardisch sind« (Briefe, I, zit. in Tomaselli, 1932, S. 73). Und so weiter. Genau diese Polemiken inspirierten einen anderen sizilianischen Schriftsteller, den jungen Federico De Roberto zu seinem Erstlingswerk *Giosue Carducci e Mario Rapisardi* (Bologna 1881).

SANT'AGATA, Schutzpatronin von Catania, in der römischkatholischen sowie in der orthodoxen Kirche als Heilige verehrt, starb wahrscheinlich im 3. Jahrhundert als Jungfrau und christliche Märtyrin. Quintinianus, der heidnische Statthalter Siziliens, ließ ihr, da sie ihn nicht heiraten wollte, die Brüste abschneiden. Dann wurde sie auf glühende Kohlen gelegt. Der Überlieferung nach brach ein Jahr nach ihrem Tod der Ätna aus. Die Einwohner von Catania bemächtigten sich ihres Schleiers und zogen damit dem Lavastrom entgegen, der darauf zum Stillstand kam. So die Legende.

SIZILIEN war ab 1816 Teil des »Königreichs beider Sizilien«. Es umfasste die Insel, genannt das Königreich Sizilien, sowie das Königreich Neapel, dessen Grenzen an denen des Kirchenstaates in Mittelitalien endeten. Dieses Reich, von den spanischen Bourbonen absolutistisch regiert, war der größte und ärmste aller italienischen Teilstaaten. Die nord- und mittelitalienischen Staaten hatten sich im Jahr 1860 dem piemontesischen Königshaus der Savoyer angeschlossen. Dem Anschluss verweigerten sich einzig der — verkleinerte — Kirchenstaat und das »Königreich beider Sizilien«. Am 11. Mai 1860, angeführt von Giuseppe Garibaldi, dem glühenden Vorkämpfer eines geeinten Italien, landete also eine Schar von gut tausend Freiwilligen (*spedizione dei mille*, darunter als einzige Frau Rosalia Montmasson, spätere Ehefrau von Francesco Crispi, siehe Maria Attanasio *La ragazza di Marsiglia*, 2018) nahe der Stadt Marsala im Westen Siziliens. Den Freischärlern gelang es nach heftigen Schlachten, die Herrschaft der Bourbonen binnen eines Jahres zu beenden. 1861 erfolgte der Anschluss Siziliens und Süditaliens an die neu entstehende konstitutionell-liberale Monarchie Italien. Die Regierung im reichen Norden zeigte freilich wenig Verständnis für den armen, agrarischen Süden. In Sizilien kam es wiederholt zu Aufständen und 1891 zur Gründung der *Fasci siciliani* (siehe dort), die 1894 brutal zerschlagen wurden.

STURZO, DON LUIGI (1871 Caltagirone — 1959 Rom) Priester, bedeutender italienischer Politiker und Antifaschist. 1905–1920 hauptverantwortliches Mitglied des Stadtrats von Caltagirone, zählte 1919 zu den Gründungsvätern des Partito

Popolare Italia, aus dem 1943 die Democrazia Cristiana hervorging, die als wichtigste politische Partei Italiens zwischen 1945 und 1993 die Geschicke des Landes wesentlich bestimmte. Ihr berühmtester Vertreter: Giulio Andreotti.

UTRILLO, MAURICE 1883 als Maurice Valadon in Paris geboren, gest. 1955 in Dax, gehörte zur Pariser Gruppe der *peintres maudits*. Er ist bekannt für seine Stadtansichten, vor allem vom Montmartre. In seiner sogenannten »weißen Periode« vermengte er seine Farben mit Sand und Gips, was den Bildern ihre charakteristische Helligkeit verlieh.

VELLA, ARTURO (1886 Caltagirone — 1943 Rom), Sozialist mit sizilianischen Wurzeln, tritt 1919 als Kandidat des Partito Socialista in Bari zur Wahl an und ist in der Folge bis 1926 Parlamentsabgeordneter. Er gilt als Vertreter des sogenannten »maximalistischen«, d. h. marxistischen Flügels der Partei. 1921 wird er in Bari während des Wahlkampfs von faschistischen Schlägertrupps bedroht und gezwungen, seinen Wahlkreis zu verlassen.

GROSSE UND KLEINE FÄLSCHUNGEN
und ein falscher und ein echter Prozess

In den »aktiven« Zeiten unseres Helden waren drei Ministerpräsidenten, einander mehrfach abwechselnd, an der Regierung, nämlich die bereits genannten Crispi, Di Rudinì und
auch Giolitti). Sie alle nebst dem italienischen König Umberto I. waren in den großen Skandal der Banca Romana verwi-
ckelt — wir nennen ihn hier die Große Fälschung, gegen die
sich die kunstfertigen Fälschungen von Paolo Ciulla wie eine
noble Geste ausnehmen.

Das römische Bankinstitut war eines von sechs landesweit
autorisierten Münzpräge- und Geldnotendruckanstalten. Ab
dem Jahr 1884 wurde gedruckt, was das Zeug hielt, um die
schweren Verluste der anderen Bankinstitute zu decken, denen großzügig langfristige und höchst riskante Darlehen ge-
währt worden waren, um die Bauindustrie anzukurbeln: Viele
Bauvorhaben waren für die Verlegung der Hauptstadt von
Florenz nach Rom (1871) notwendig, andere zur Sanierung
der von der Pest betroffenen Stadt Neapel. 1887 platzte die
Blase. Folge Depression und leere Kassen.

Die Banca Romana war autorisiert, 60 Millionen Lire, garan-
tiert von ihren Goldreserven, auszugeben. Stattdessen druck-
te sie 113 Millionen, davon 40 Millionen in doppelter Serie

(die eigentlich alte, unbrauchbar gewordene Geldscheine ersetzen sollten), also mit denselben Nummern wie die zwanzig Jahre zuvor ausgegebenen, aber mit den Unterschriften des aktuellen Gouverneurs und des Kassierers. Doch der Gouverneur Tanlongo ersetzte die alten Scheine nicht und brachte die Serie in Umlauf. Die Fälschung von Hand der Bank belief sich umgerechnet auf heutige 175 Millionen Euro. Die Öffentlichkeit wusste von den nicht transparenten Abläufen in der Bank; Crispi seinerzeit noch Ministerpräsident, rief einen Ermittler auf den Plan, den Senator Alvisi. Der präsentierte 1891 die Ermittlungsergebnisse im Parlament, aber Di Rudinì, nun im Amt des Ministerpräsidenten, will diese im Namen der höheren Interessen des Landes und der Heimat nicht öffentlich machen; von den Ermittlungen ist das gesamte marode Bankensystem betroffen. Nach ihm Giolitti und erneut Crispi halten die Ermittlungsergebnisse weiterhin in den jeweiligen Schubladen.

1893 jedoch werden die Ergebnisse dank des republikanischen Abgeordneten Napoleone Colajanni endlich vor Gericht bekanntgemacht. Der Bankgouverneur, mittlerweile hinter Gittern, öffnet den Sack: Herauskommt, dass zahlreiche Parlamentarier, aber auch König Umberto I. und die drei genannten Ministerpräsidenten alle große Summen von der Bank angenommen hatten. Wichtige Unterlagen, die das beweisen, verschwinden. Der Prozess endet mit Freispruch aus Mangel an Beweisen.

Paolo Ciulla schickt eine Satirezeichnung an die neapolitanische Zeitung *Il Fanfulla*: Darauf schreit ein Bürger vorm Parlament »Ihr seid alles Diebe, nichts als Diebespack. Sogar die Papiere, die eure Schuld beweisen, habt ihr geklaut!«, und ein Abgeordneter, der aus dem Tor herauslugt, antwortet »Wir haben nichts damit zu tun, das ist ganz sicher ein Staatsvergehen!« Der Prozess wird eingestellt. (Diese Ausführungen habe ich teilweise dem Buch von Dario Fo und Piero Sciotto *Ciulla, il grande Malfattore* (2014, Milano) entnommen.

Monika Lustig, Juni 2020

Inhaltsverzeichnis

Deutsche Erstausgabe
© 2020 Edition CONVERSO, Bad Herrenalb

Originaltitel: *Il falsario di Caltagirone —
Notizie e ragguagli sul curioso caso di Paolo Ciulla*
© 2007 Sellerio editore, Palermo

Alle Änderungen und Ergänzungen des Textes
wurden von der Autorin ausdrücklich genehmigt.

Aus dem sizilianischen Italienisch
von Michaela Wunderle und Judith Krieg
Lektorat: Judith Krieg und Monika Lustig
Herausgegeben von: Monika Lustig

Umschlagmotiv des Reihenlayouts:
Gabriele Scattu (Wachskreide auf Papier)
Gesetzt aus der Freight
Reihenlayout, Satz und Gestaltung: Fagott, Ffm
Druck und Bindung: Beltz Grafische Betriebe, Bad Langensalza

ISBN: 978-3-9819763-7-3